YO DECLARO

31 promesas para proclamar sobre tu vida

AUTOR DE ÉXITOS DE VENTAS Nº1 DEL *NEW YORK TIMES*

JOEL OSTEEN

OTROS LIBROS POR JOEL OSTEEN EN ESPAÑOL

Cada día es viernes

Lecturas diarias tomadas de Cada día es viernes

Su mejor vida ahora

Lecturas diarias tomadas de Su mejor vida ahora

Disponibles por FaithWords y Casa Creación
dondequiera que vendan libros.

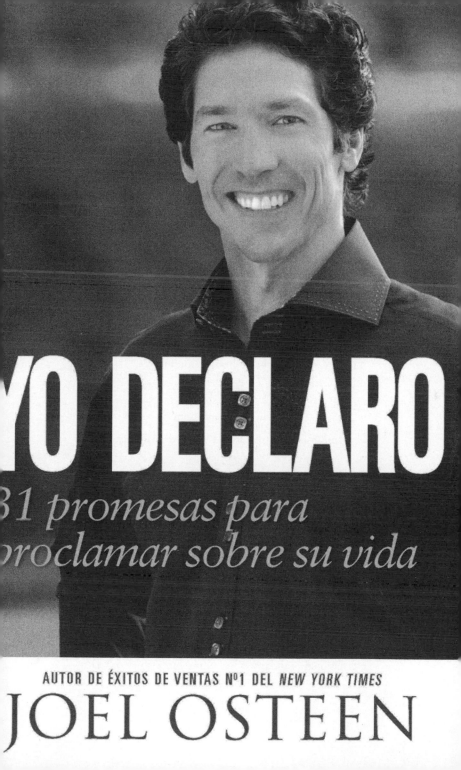

FaithWords
Hachette Book Group
237 Park Avenue
New York, NY 10017

www.faithwords.com

Impreso en los Estados Unidos de América

RRD-C

Primera edición: Enero 2013
10 9 8 7 6

FaithWords es una división de Hachette Book Group, Inc.
El nombre y el logotipo de FaithWords es una marca
registrada de Hachette Book Group, Inc.

El Hachette Speakers Bureau ofrece una amplia gama de
autores para eventos y charlas. Para más información, vaya a
www.hachettespeakersbureau.com o llame al (866) 376-6591.

International Standard Book Number: 9781455525416

INTRODUCCIÓN

Nuestras palabras tienen poder creativo. Cuando declaramos algo, ya sea bueno o malo, damos vida a lo que estamos diciendo. Hay demasiadas personas que dicen cosas negativas sobre sí mismas, sobre sus familias y sobre su futuro. Dicen cosas como: "Nunca tendré éxito. Esta enfermedad va a llevarse lo mejor de mí. Los negocios van tan lentos que no creo que lo logre. Llega la estación de los resfriados. Probablemente agarraré uno".

No entienden que están profetizando su futuro. La Escritura dice que comeremos el fruto de nuestras palabras. Eso significa que obtendremos exactamente lo que hayamos estado diciendo.

Aquí está la clave: usted tiene que enviar sus palabras en la dirección en que quiere que vaya su vida. No puede hablar derrota y esperar tener victoria. No puede hablar carencia y esperar tener abundancia. Usted producirá lo que diga. Si quiere saber cómo será dentro de cinco años desde ahora, solamente escuche lo que está diciendo de usted mismo. Con nuestras palabras podemos bendecir nuestro futuro o podemos maldecir nuestro futuro. Por eso nunca deberíamos decir: "No soy un buen padre. Soy poco atractivo. Soy torpe. No puedo hacer nada bien. Probablemente me despedirán".

No, esos pensamientos puede que lleguen a su mente, pero no cometa el error de expresarlos. En el momento en que los declara en voz alta, permite que echen raíces. Ha habido muchas veces en que yo he pensado algo negativo y he estado a punto de decirlo, pero me agarro a mí mismo y pienso: *No. Lo cancelaré. No voy a declarar derrota en mi futuro. No voy a declarar fracaso sobre mi vida. Le daré la vuelta y declararé favor a mi futuro. Declararé: "Soy bendecido. Soy fuerte. Soy sano. Este será un gran año".* Cuando usted hace eso, está bendiciendo su futuro.

He escrito este libro de treinta y una declaraciones para que usted pueda bendecir su futuro cada día, cada mes. Es mi esperanza que tome un momento cada día para bendecir su futuro con una de estas declaraciones positivas, inspiradoras y alentadoras. Si lee una declaración y una historia cada día, creo que se situará a usted mismo en posición de recibir las bendiciones de Dios.

Cuando pretendíamos renovar el anterior Compaq Center en Houston para que pudiera servir como la nueva iglesia Lakewood, nuestros arquitectos nos dijeron que el proyecto costaría millones más de lo que habíamos calculado originalmente. Yo quedé sorprendido por las cifras que nos dieron. Después de levantarme del piso, pensé*: Es imposible. Yo nunca podría reunir tanto dinero. No hay manera de que eso pueda suceder.*

Los pensamientos estaban ahí, pero yo sabía hacer algo mejor que verbalizarlos. Mi actitud era: *Si yo profetizo mi futuro, quiero profetizar algo bueno. No voy a decir lo que siento, no estoy diciendo lo que parece en el mundo real. No, estoy diciendo lo que Dios dice sobre mí.*

Mi declaración fue: "Dios está supliendo todas nuestras necesidades. Él es Jehová-jiré: el Señor nuestro Proveedor. Esto puede que parezca imposible, pero sé que Dios puede hacer lo imposible. Donde Dios da visión, siempre proporciona provisión".

Me aseguré de tener un informe de victoria, y vimos ese sueño hacerse realidad. Proverbios 18.21 dice: "La muerte y la vida están en poder de la lengua". ¿Qué está diciendo usted sobre su futuro? ¿Qué está diciendo sobre su familia? ¿Qué está diciendo sobre sus finanzas? Asegúrese de que las palabras que está enviando vayan en la dirección en que usted quiere que vaya su vida.

Si es usted seguidor del béisbol, probablemente sepa quién era José Lima. Durante la década de 1990 él fue el lanzador estrella de los Houston Astros. En una temporada ganó veintiún partidos y fue considerado uno de los mejores lanzadores de la liga. Pero sucedió algo interesante. Cuando los Astros se mudaron del Astrodome a su nuevo campo de béisbol en el centro, la valla que había en el *left field* estaba mucho más cerca que la valla que había en el Astrodome. Y desde luego, eso favorece a quienes golpean, y hace que sea más difícil para los lanzadores.

La primera vez que José Lima fue al nuevo campo de béisbol, se quedó en el montículo. Cuando miró al *left field* y vio lo cerca que estaba la valla, las primeras palabras que salieron de su boca fueron: "Nunca podré lanzar desde aquí. La valla está demasiado cerca".

¿Sabe que él pasó de ser un ganador de veintiún partidos a ser un perdedor de dieciséis partidos? Fue uno de los cambios más negativos en la historia de los Astros. ¿Qué sucedió? Él profetizó su futuro. Aquellos pensamientos negativos llegaron, y en lugar de ignorarlos, él cometió el error de declararlos en voz alta. Cuando usted declara, está dando vida a su fe. Como dice Proverbios 6.2: "Has quedado preso en los dichos de tus labios".

Cuando yo era un muchacho, había un caballero que era dueño de una empresa que se ocupaba de los terrenos de nuestra iglesia. Era un hombre muy amable, bondadoso y amigable, pero siempre tenía un informe negativo. Cada vez que yo hablaba con él me decía lo difícil que era la vida, que los negocios iban lentos y sus equipos tenían averías. Él tenía problemas en casa. Uno de sus hijos se portaba muy mal, y otras cosas. Yo le vi dos veces por semana probablemente durante diez años. No puedo recordar una vez en que él no tuviera palabras negativas. Y no estoy tomando a la ligera su situación. Lo fundamental es que él estaba profetizando derrota; estaba maldiciendo su futuro. No entendía que estaba preso en las palabras de su boca.

Tristemente, cuando él tenía unos 55 años de edad se puso muy enfermo, y pasó los dos o tres años siguientes entrando y saliendo de hospitales. Terminó sufriendo una muerte muy triste y solitaria. Yo no podía evitar pensar que él había estado prediciendo ese triste final durante toda su vida, porque siempre hablaba de que nunca llegaría hasta los años de su jubilación. Él obtuvo lo que estaba atrayendo con sus palabras.

Puede que usted se encuentre en un momento difícil ahora, pero permítame desafiarle. No utilice sus palabras para describir la situación. Utilice sus palabras para cambiar la situación. Utilice este libro como su guía para declarar su victoria cada día. Declare salud. Declare favor. Declare abundancia.

Usted da vida a su fe mediante lo que dice. A lo largo de todo el día deberíamos estar diciendo: "Tengo el favor de Dios. Todo lo puedo en Cristo. Soy bendecido. Soy fuerte. Tengo salud". Cuando usted hace eso, sencillamente bendice su vida, acaba de hablar favor a su futuro. Si se levanta en la mañana sintiéndose desganado, no diga nunca: "Hoy será un día terrible. No quiero ir a trabajar. Estoy cansado de tener que tratar con estos niños". No, levántese y diga: "Hoy va a ser un gran día. Estoy emocionado por mi futuro. Algo bueno está a punto de sucederme".

Debería enviar sus palabras en la dirección en que quiera que vaya su vida. Quizá haya atravesado un desengaño. Una relación no funcionó. No obtuvo el ascenso que esperaba. Pero en lugar de quejarse diciendo: "Bien, debería haberlo sabido. Yo nunca consigo buenos avances. Esa es mi suerte", su declaración debería ser: "Sé que cuando una puerta se cierra, Dios abrirá otra. Lo que tenía intención de hacerme daño Dios lo utilizará para mi ventaja. No solo estoy saliendo, saldré mejor de lo que estaba antes".

Tenga un informe de victoria.

Esto es lo que yo he aprendido. Uno cree lo que dice de sí mismo más de lo que dice alguna otra persona. Por eso regularmente deberíamos decir: "Soy bendecido. Estoy sano. Soy fuerte. Soy valioso. Tengo talento. Tengo un futuro brillante". Esas palabras salen de su boca y llegan precisamente a sus propios oídos. Con el tiempo crearán la misma imagen en el interior.

Leí sobre un médico en Europa que tenía algunos pacientes muy enfermos. Habían sido tratados con métodos tradicionales, pero no habían mejorado. Por tanto, él les dio una receta muy inusual. Hizo que dijeran tres o cuatro veces cada hora: "Estoy mejorando cada vez más, cada día, en todos los aspectos".

Durante los meses siguientes obtuvo resultados

notables. Muchos de aquellos pacientes no habían mejorado con las medicinas tradicionales, pero de repente comenzaron a sentirse cada vez mejor.

¿Qué sucedió? Cuando se escucharon a ellos mismos decir una y otra vez: "Estoy mejorando. Estoy poniéndome mejor, mi salud está regresando", esas palabras comenzaron a crear una nueva imagen en el interior. Poco tiempo después, comenzaron a verse a sí mismos fuertes y sanos. Cuando usted obtiene una imagen de ello en el interior, entonces Dios puede hacer que suceda en el exterior. Podría usted ver su vida pasar a un nivel totalmente nuevo si sencillamente cerrase las palabras negativas y comenzase a declarar fe y victoria a su futuro.

Conozco a personas que siempre están cansadas y agotadas. Constantemente dicen: "Estoy muy cansado y decaído. Simplemente no tengo nada de energía".

Han hablado de ello durante tanto tiempo que se ha convertido en realidad. ¿Sabe usted que cuanto más hablamos de algo, más lo atraemos? Es como si lo estuviéramos alimentando. Si usted se levanta en la mañana y solamente habla de cómo se siente, de que está cansado y no lo logrará, se está derrotando a usted mismo. Está cavando su propio agujero.

No hable sobre el problema. Hable sobre la solución.

La Escritura dice: "Diga el débil fuerte soy". Observemos que no dice: "Que el débil hable sobre su debilidad. Que el débil llame a cinco amigos y hablen de su debilidad. Que el débil se queje de su debilidad".

No, dice en efecto: "Que el débil diga exactamente lo contrario de cómo se siente".

En otras palabras, no hable sobre cómo está. Hable sobre cómo quiere estar. Si se levanta en la mañana sintiéndose cansado y aletargado, en lugar de quejarse más que nunca, necesita declarar: "Soy fuerte en el Señor. Estoy lleno de energía. Mi fortaleza está siendo renovada. Este será un gran día".

Cuando usted haga eso, no solo cambiará el modo en que se siente sino que también cambiará su actitud. No saldrá con una mentalidad débil, derrotada y de víctima. Saldrá con una mentalidad de vencedor, con brío en sus pasos, con una sonrisa en su cara y con sus hombros erguidos. Esas palabras pueden literalmente levantar su espíritu y hacer que se vea a usted mismo y a sus circunstancias bajo una luz totalmente nueva.

Usted es una persona única. Es una obra maestra. Es una posesión apreciada. Cuando se despierte en la mañana y se mire al espejo, en lugar de deprimirse, en lugar de decir: "Vaya, qué aviejado me veo. Mira este cabello gris. Mira estas arrugas", necesita sonreír y decir: "Buenos días, cosa hermosa. Buenos días, guapo. Buenos días, guapa. Buenos días, bendito, próspero, exitoso, fuerte, talentoso, creativo, confiado, seguro, disciplinado, enfocado y muy favorecido hijo del Dios Altísimo". Téngalo en el interior. ¡Declare fe sobre su futuro!

YO DECLARO

DÍA UNO

YO DECLARO las increíbles bendiciones de Dios sobre mi vida. Veré una explosión de la bondad de Dios, un aumento amplio y repentino. Experimentaré la sobreabundante grandeza del favor de Dios, que me elevará a un nivel más alto del que nunca soñé. Explosivas bendiciones están llegando a mi camino. Esta es mi declaración.

Un amigo mío quería estudiar en una importante universidad, pero necesitaba una beca para pagar su matrícula. Hizo la solicitud muchos meses antes de que comenzase el año escolar. Aunque sus calificaciones eran lo bastante buenas para entrar en la universidad, le informaron de que no había disponibles más becas. Por tanto, se matriculó en cambio en el primer ciclo universitario.

Parecía como si su sueño de estudiar en una importante universidad hubiera terminado. Parecía que la situación era permanente. Todos los hechos decían que no sucedería, pero justamente unas semanas antes de que comenzasen las clases, llamaron otra vez de la oficina de becas y dijeron que había habido una vacante. En lugar de ofrecerle la beca parcial de dos años que él había solicitado, le ofrecieron una beca total de cuatro años; una bendición explosiva.

Puede que usted piense que su situación es permanente. Ha estado en ella por mucho tiempo. No ve cómo sería posible elevarse más. Todos los hechos le dicen que es imposible, pero Dios le dice hoy: "Necesitas prepararte. Donde estás no es permanente. Yo tengo explosivas bendiciones que saldrán a tu camino. Te levantaré por encima de tu salario. Te bendeciré por encima de tus ingresos normales. De repente cambiaré cosas en tu vida".

Así es como se define la palabra *explosión*. Significa "aumento repentino y amplio". Eso es lo que Dios quiere hacer para cada uno de nosotros. De repente. Usted no lo esperará. Está fuera de lo normal y no es nada pequeño. No es mediocre. Es aumento amplio. Eso significa que es tan sorprendente que usted sabe que tuvo que ser la mano de Dios.

Eso fue lo que le sucedió a un caballero. Él pasó por la iglesia hace un tiempo para llevar un donativo muy grande para el ministerio. Era su diezmo. Dijo que había recibido una herencia de un familiar al que nunca antes había conocido. De hecho, él ni siquiera sabía realmente que estaban relacionados, pero aquel hombre le dejó un regalo que impulsó a su familia hasta un nivel totalmente nuevo. Pudo no solo pagar su casa por completo, sino que también pagó las casas de algunas otras personas.

No sé de usted, pero yo estoy creyendo por algunos parientes como ese totalmente perdidos. Estoy creyendo por bendiciones explosivas.

Estoy creyendo por bendiciones explosivas.

El apóstol Pablo habló de esto en Efesios 2:7. Dijo que él veía la ilimitada, inmensurable y sobreabundante grandeza del favor de Dios. Él estaba diciendo que veríamos favor como nunca antes lo habíamos visto.

En el mundo real, puede parecer que usted nunca podría lograr sus sueños. Ya ha calculado que nunca podrá salir de la deuda. Ha repasado todas las cifras; pero Dios está diciendo: "No has visto mis bendiciones explosivas. No has visto la sobreabundante grandeza de mi favor. Yo tengo bendiciones que te catapultarán años por delante. Tengo aumento que está por encima de tus cálculos normales".

Yo he aprendido que Dios no siempre nos lleva en aumentos normales. Hay veces en que Él nos aumentará poco a poco. Tenemos que ser fieles día tras día, pero cuando uno llega a una de esas bendiciones explosivas, en lugar de pasar de 7 a 8 y a 9, Dios le llevará de 7 a 8 y a 63 y 64. ¡Eso es aumento amplio!

DÍA DOS

....

YO DECLARO que experimentaré la fidelidad de Dios. No me preocuparé, no dudaré, seguiré confiando en Él, sabiendo que no me fallará. Viviré cada promesa que Dios ponga en mi corazón y llegaré a ser todo lo que Dios quiso que fuera. Esta es mi declaración.

....

Todos tenemos sueños y metas en nuestro corazón. Hay promesas en las que creemos. Quizá está usted creyendo que alguno de sus hijos experimentará un cambio, o creyendo que volverá a recobrar la salud, creyendo que comenzará un nuevo negocio o que estará en el ministerio. En su interior, muy dentro de usted, Dios se lo ha dicho en su espíritu, lo ha hecho nacer en su interior. Pero con mucha frecuencia, como de eso hace ya mucho tiempo y hemos experimentado decepciones, empezamos a ser negativos y a pensar que eso no ocurrirá.

La razón por la que muchas personas no ven cumplidas las promesas de Dios es porque se desaniman y se rinden demasiado pronto. Pero

> *Solo porque usted vea que no está ocurriendo nada no significa que Dios no esté actuando.*

solo porque usted vea que no está ocurriendo nada no significa que Dios no esté actuando. Solo porque esté tardando mucho tiempo no quiere decir que Dios se haya quedado sin opciones. Su mente le dice: *Se terminó.* Sus emociones le dicen: *No hay manera.*

Las circunstancias parecen imposibles, pero eso no significa que Dios no vaya a hacer lo que Él ha dicho.

Dios es fiel a su Palabra. Todas sus promesas son "Sí" y "Amén". Eso significa que si usted hace su parte y cree aunque parezca imposible, y no deja que su mente, sus emociones u otras personas le saquen de ahí, entonces Dios promete que a su tiempo, en el instante oportuno, Él hará que suceda. Quizá no sea exactamente como usted esperaba o según su calendario, pero Dios es un Dios fiel. Ocurrirá.

Él no le dejará. Eso es lo que dijo en Hebreos 13:5-6: "No te desampararé, ni te dejaré; de manera que podemos decir confiadamente: El Señor es mi ayudador; no temeré lo que me pueda hacer el hombre".

Tiene que dejar que esta promesa profundice en su interior: "No te dejaré". Dios está diciendo: "Todo va a salir bien. Lo tengo todo controlado. Sé lo que dice el informe médico. Conozco cómo está la situación económica. Veo a las personas que vienen contra ti. Sé lo grandes que son tus sueños. Y escúchame bien: no te dejaré, no te desampararé. No permitiré que ese problema te venza. Haré que seas tú el vencedor".

Dios está diciendo que si seguimos confiando en Él, siempre abrirá un camino aunque parezca que no hay camino. Él le dará fuerza para cada batalla, sabiduría para cada decisión, paz que sobrepasa todo entendimiento. Dios le defenderá de los males que hayan cometido contra usted. Él dará el pago por las situaciones injustas. Él prometió que no solo hará que se cumplan sus sueños, sino que también le dará incluso los deseos secretos de su corazón.

Atrévase a confiar en Él. Regrese a ese lugar de paz. Deje de preocuparse, estresarse, preguntarse si sucederá o no. Dios le tiene en la palma de su mano. Él nunca le ha fallado antes, y la buena noticia es que Él no lo va a hacer ahora.

DÍA TRES

....

YO DECLARO que tengo la gracia que necesito para hoy. Estoy rebosante de poder, fuerza y determinación. Nada de lo que viva hoy será demasiado para mí. Superaré cualquier obstáculo, sobreviviré a todo desafío y saldré de cada dificultad mejor que cuando entré en ella. Esta es mi declaración.

....

Cuando el pueblo de Israel estaba en el desierto con dirección hacia la Tierra Prometida, Dios les daba el maná cada mañana para comer. Aparecía en el suelo, pero Él les dijo específicamente que tomaran solo la cantidad necesaria para cada día. De hecho, si tomaban más no duraba, se estropeaba. Del mismo modo, Dios no nos da gracia para todo un año, ni para todo un mes. No, cada veinticuatro horas Dios tiene una nueva provisión fresca de gracia, de favor, de sabiduría, de perdón.

¿Cómo podrá usted aguantar la lenta etapa del trabajo? Día a día.

¿Cómo criará a un niño difícil? Día a día.

Escuché a Corrie ten Boom decir algo muy interesante sobre este tema. Durante la

Cada veinticuatro horas Dios tiene una nueva provisión fresca de gracia, de favor, de sabiduría, de perdón.

Segunda Guerra Mundial, ella y su familia holandesa escondieron a judíos de los nazis y salvaron muchas vidas. Finalmente, la descubrieron y encarcelaron. En los campos de concentración fue testigo de todo tipo de atrocidades. Incluso vio la muerte de su propia hermana y luego se enteró que su padre murió al poco tiempo de haber sido encarcelado. Mediante una serie de acontecimientos inusuales, Corrie fue liberada por error y pudo así salvar su vida. A pesar de ver todas esas matanzas sin sentido, nunca dio realmente lugar a la amargura. Incluso pudo perdonar al hombre que mató a sus familiares.

Alguien le preguntó cómo pudo sobrevivir a esos días oscuros de ver actos tan horrendos de odio y seguir siendo amable y perdonando. Ella respondió esa pregunta con una historia. Contó cómo cuando era niña, su padre le llevaba en tren por Europa. Él siempre compraba los pasajes con semanas de antelación, pero nunca le daba el pasaje hasta justo antes de subir al tren. Por supuesto, ella era pequeña, y a su padre le preocupaba que pudiera perderlo o dejárselo en casa. Pero siempre que su padre veía las luces del tren entrando en la estación, le daba a su hijita el pasaje y subían juntos al tren.

Corrie le dijo a la persona que le preguntó cómo podía ser tan buena: "La razón por la que usted no entiende cómo pude perdonar a la persona que mató a mi familia, cómo pude no llenarme de amargura y rencor, es porque al igual que mi padre y nuestros pasajes de tren, Dios no nos da la gracia que necesitamos hasta que estamos a punto de subir al tren. Pero si usted tuviera que pasar alguna vez por algo similar a lo que yo pasé, le puedo asegurar que la gracia de Dios estará ahí para ayudarle a soportar los valles de oscuridad y seguir manteniendo su cabeza alta y su corazón lleno de amor".

Quizá ahora mismo usted no es capaz de ver cómo superar un obstáculo, cómo alcanzar sus sueños o cómo perdonar a alguien que le ha herido, pero entienda que cuando llegue el momento, Dios le dará el pasaje. Él lo compró hace dos mil años en una cruz en el Calvario.

Ahora, cuando usted pase por algún valle de oscuridad, una etapa difícil, una enfermedad, no se preocupe por ello. Su Padre celestial le dará el pasaje. Él le dará la gracia, la fortaleza, el favor, el perdón que necesite para hacer lo que tiene que hacer.

DÍA CUATRO

....

YO DECLARO que no es demasiado
tarde para lograr todo lo que Dios
ha puesto en mi corazón. No he
perdido mi ventana de oportunidad.
Dios tiene momentos de favor en mi
futuro, y Él me está preparando ahora
mismo porque está a punto de liberar
una gracia especial para ayudarme
a conseguir ese sueño. Este es mi
tiempo. Este es mi momento. ¡Lo
recibo hoy! Esta es mi declaración.

....

Muchas veces dejamos de lado aquello que Dios quiere que hagamos. Quizá, en su interior, Dios ha estado tratando con usted acerca de perdonar un mal, volver a ponerse en forma, tener una actitud mejor, pasar más tiempo con su familia. O quizá es un sueño o una meta que usted sabe que debería intentar conseguir, como comenzar un negocio, escribir un libro, formar parte del coro, aprender un nuevo pasatiempo.

Usted sabe que Dios lo puso en su interior, pero muy a menudo ponemos excusas que nos frenan. Cosas como: "Estoy demasiado ocupado. Lo intenté y fracasé. No tengo talento para ello. Me hicieron mucho daño".

Es fácil quitarse a usted mismo la idea de sus sueños y metas. Demasiadas personas se conforman con la mediocridad, pero la buena noticia es que Dios nunca aborta un sueño. Nosotros podemos renunciar a ellos, podemos dejar de perseguir nuevas oportunidades, podemos dejar de creer que superaremos algún obstáculo, pero Dios aún

Aún está a tiempo de llegar a ser todo lo que Dios quiso que fuera.

tienen la intención de hacer que se cumpla cada sueño, cada promesa que Él puso en su corazón.

Quizá usted pospuso dar el primer paso ya hace una semana, un año o veinticinco años, pero Dios está diciendo: "No es demasiado tarde para comenzar". Aún está a tiempo de llegar a ser todo lo que Dios quiso que fuera, pero debe hacer su parte y salir del punto muerto. No es demasiado mayor o demasiado joven, no ha perdido su ventana de oportunidad. El sueño sigue vivo en su interior.

Ahora debería levantarse en fe y decir: "Este es mi tiempo. Este es mi momento. No estoy sentenciado a quedarme donde estoy. He permitido que las excusas me detengan

> *Cada revés significa que está un paso más cerca de ver el cumplimiento del sueño.*

durante mucho tiempo, pero hoy daré pasos de fe para perseguir nuevas oportunidades, para explorar nuevos pasatiempos, para romper malos hábitos, para deshacerme de ideas erróneas. Sé que no es demasiado tarde para lograr todo lo que Dios ha puesto en mi corazón".

Si usted tiene esta actitud, el resto de su vida puede ser lo mejor de su vida. En la Biblia, cuando Pablo le dijo a Timoteo: "… que avives la llama del don de Dios" (2 Timoteo 1:6, NVI), estaba diciendo: "Timoteo, la vida se va volando. Ocúpate en seguir tu destino".

Tiene que apasionarse acerca de lo que Dios ponga en su corazón. No deje que una decepción o incluso una serie de decepciones le convenzan para que abandone y se quede donde está. He aprendido que cada revés significa que está un paso más cerca de ver el cumplimiento del sueño. Tiene que llegar a sus puertas cerradas para poder llegar a sus puertas abiertas. Quizá lo haya intentado y haya fallado mil veces, pero nunca se sabe si en el intento mil uno quizá la puerta se abra de par en par. Avive su fuego.

Quizá haya experimentado algunas decepciones. Quizá las cosas no hayan salido como esperaba. Sacúdase la decepción. Cree una nueva visión fresca para su vida.

DÍA CINCO

....

YO DECLARO que estoy agradecido
por quién Dios es en mi vida y por
lo que ha hecho. No me tomaré a la
ligera las personas, las oportunidades
y el favor con los que Dios me ha
bendecido. Miraré lo correcto y no lo
que no está bien. Le agradeceré por
lo que tengo y no me quejaré de lo
que no tengo. Veré cada día como un
regalo de Dios. Mi corazón rebosará
de alabanza y gratitud por toda su
bondad. Esta es mi declaración.

....

Siempre que hablo con personas que han tenido experiencias que han hecho peligrar su vida, ya sea una enfermedad, un accidente o algún otro desafío, sin lugar a duda hablan de cómo han llegado a apreciar cada día más que nunca. No desperdician ni un minuto, y ven cada día como un regalo de Dios.

Tenemos que ser conscientes de que podríamos perder la vida en cualquier momento. No existen garantías de que vayamos a estar aquí el año que viene. Aprenda a vivir cada día al máximo. No se queje, no se enfoque en lo que está mal, sino sea agradecido por la oportunidad de experimentar cada día.

Tiene que vivir cada día como si fuera su último día.

Quizá las cosas no sean perfectas. Quizá tenga algunos dolores y achaques. Quizá sufra alguna adversidad, pero en el cómputo global de las cosas su vida podría ser mucho peor. Y realmente tiene que vivir cada día como si fuera su último día.

Oí a alguien decir: "Si solo le quedara una hora de vida, ¿a quien llamaría? ¿Qué diría? ¿Y a qué está esperando?". No dé por hecho lo que Dios ya le ha dado.

Quizá no se dé cuenta de ello, pero estamos viviendo en los viejos buenos tiempos. Estoy convencido de que dentro de veinte o treinta años mirará atrás y dirá: "Esos sí que fueron buenos tiempos. Recuerdo cuando Lakewood estaba en el este de Houston. Me acuerdo que Joel era un hombre joven. ¡Me acuerdo de cuando su hermano Paul aún tenía cabello!". *Estos* son esos buenos tiempos.

Yo solía jugar al baloncesto con un joven, un atleta fuerte, que comenzó a tener problemas en un ojo. Fue al doctor y le dijo que tenía un tipo de cáncer que amenazaba su visión en dicho ojo.

Como se puede imaginar, quedó devastado. No se lo podía creer. Después, se sometió a una cirugía y los doctores vieron que no tenía cáncer, sino un hongo muy extraño, el cual pudieron extirpar, por lo que no perdería su visión. Cuando mi amigo se despertó de la operación y le dieron la buena noticia, dijo: "¡Este es el mejor día de mi vida!".

Piense en ello. No le tocó la lotería, no consiguió un ascenso en el trabajo, no se compró una casa nueva; tan solo supo que seguiría viendo como siempre.

Me dijo: "Joel, ahora cada mañana, al despertar, me levanto y miro a mi alrededor a propósito. Me quedo mirando fijamente a mis hijos. Voy fuera y miro las hojas de los árboles. Tomo tiempo para agarrar una bellota y me quedo mirándola".

Como casi perdió su visión, ver ha cobrado para él ahora un nuevo significado. Ahora lo aprecia en un grado mucho mayor.

DÍA SEIS

YO DECLARO un legado de fe sobre
mi vida. Declaro que almacenaré
bendiciones para futuras generaciones.
Mi vida está marcada por la excelencia
y la integridad. Como estoy tomando
buenas decisiones y dando pasos
de fe, otros querrán seguirme. La
abundancia de Dios rodea mi vida
hoy. Esta es mi declaración.

Es probable que cada vez que oye la palabra *legado* piense en lo que usted dejará o en cómo le recordarán cuando ya no esté aquí. Esa es una forma de pensar, pero hay algo aún más importante. La Biblia habla de cómo podemos almacenar misericordia para nuestros hijos y futuras generaciones.

Usted puede almacenar bendiciones y favor viviendo una vida de excelencia e integridad que afectará a generaciones venideras. Yo sé que estoy bendecido hoy porque he tenido unos padres que honraron a Dios. También tuve abuelos que oraron por mí y modelaron una vida de excelencia.

Usted está donde está porque alguien se sacrificó. Alguien oró, alguien sirvió, y ahora Dios está honrándoles liberando su bondad en su vida. Ninguno de nosotros llegamos donde estamos ahora por nosotros mismos. En 2 Timoteo 1:5 (NVI), el apóstol Pablo dijo: "Traigo a la memoria tu fe sincera, la cual animó primero a tu abuela Loida y a tu madre Eunice, y ahora te anima a ti".

Pablo estaba diciendo: "Timoteo, lo que veo en ti no se inició contigo. Comenzó porque tuviste una abuela que oraba. Esa mujer honró a Dios con su vida, atesoró misericordia que pasó a tu madre, y ahora lo puedo ver en ti. Y la buena noticia es que no se terminará contigo, sino que pasará de generación en generación".

Quizá piense que no tiene una herencia muy buena si sus padres o abuelos no le entregaron su vida a Dios, pero quizá usted coseche las recompensas de un legado que dejó hace cien años un tatarabuelo u otro antepasado suyo. Quizá alguien oró, ayudó a otros. Fue su fe, su vida de excelencia, lo que plantó la semilla, y ahora Dios les está recompensando ayudándole a usted a vivir una vida de victoria.

La Biblia cuenta la historia de Josué y el pueblo de Israel cuando estaban en medio de una gran batalla. Su líder, Moisés, estaba en lo alto de una colina con la vara de Dios en alto. Mientras Moisés tenía sus brazos levantados, Josué y los israelitas ganaban, pero cuando se cansaba y bajaba los brazos, el enemigo comenzaba a prevalecer.

Moisés se dio cuenta de lo que estaba ocurriendo, y pidió que un par de hombres le ayudaran a mantener sus brazos levantados. Pero lo que quiero que usted vea es que Josué estaba ahí abajo ganando la batalla. Él no se daba cuenta de que la única razón por la que ganaba era porque Moisés estaba en lo alto de la colina con sus brazos levantados.

Sin Moisés haciendo su parte, Josué y el pueblo de Israel hubieran sido derrotados. Su reto es vivir de tal forma que haga que otros ganen. Con cada decisión correcta que tome, estará levantando sus brazos. Está facilitando la labor de los que vengan después de usted. Cada vez que resiste la tentación, está ganando por sus hijos.

Cada vez que es amable y respetuoso, cada vez que ayuda a algún necesitado, cada vez que va a la iglesia, sirve y da, está atesorando misericordia. Podría ser para sus hijos, para sus nietos o incluso para alguien en su familia que vivirá cien años después de usted y que experimentará la bondad de Dios debido a la vida que usted vivió.

Su reto es vivir de tal forma que haga que otros ganen.

DÍA SIETE

....

YO DECLARO que Dios tiene
un gran plan para mi vida. Él está
dirigiendo mis pasos, y aunque quizá
no siempre lo vaya a entender, sé que
mi situación no le pilla por sorpresa a
Dios. Él se ocupará de cada detalle para
mi bien. En su tiempo perfecto, todo
será para bien. Esta es mi declaración.

....

La Biblia habla de que todos nuestros días se han escrito en el libro de Dios. Él ya ha escrito cada parte de su vida desde el principio hasta el fin. Dios conoce cada decepción, cada pérdida y cada reto. La buena noticia es que su historia termina en victoria. Su capítulo final termina con usted cumpliendo el destino que Dios tenía para usted. Esta es la clave: cuando experimente una decepción, cuando sufra una pérdida, no se detenga en esa página. Siga avanzando. Hay otro capítulo delante de usted, pero tiene que estar dispuesto a entrar en él.

A veces nos enfocamos durante demasiado tiempo en intentar descubrir por qué algo no salió como queríamos, quizá por qué no duró un matrimonio, o por qué no nos dieron ese

> *Cuando experimente una decepción...no se detenga en esa página.*

puesto por el que tanto luchamos. Quizá no entienda todo lo que ha vivido, pero si sigue avanzando, no dejando que la amargura eche sus raíces, llegará a un capítulo de su futuro que hará que todo encaje, un capítulo que le dará sentido a todo.

A nuestra hija Alexandra le encantaba armar rompecabezas cuando era pequeña. Cada dos semanas aproximadamente le comprábamos un rompecabezas nuevo para que lo armase. A veces nos llevaba dos o tres días. De manera invariable, encontrábamos alguna pieza del rompecabezas que no parecía encajar en ninguna parte. Después de agotar todas las opciones que veíamos, colocando la pieza aquí y allá sin encontrar su lugar, por lo general yo llegaba a la conclusión de que el fabricante habría cometido algún error. Quizá habían incluido una pieza extra por error o se le había caído una pieza de otro rompecabezas.

No obstante, cada vez que eso ocurría descubríamos, a medida que se iba terminando el rompecabezas, que había un lugar perfecto para esa pieza "extra". ¿Cuál era el problema antes? Que las demás piezas aún no estaban en su lugar.

Puede que ocurra lo mismo con usted y su vida. Quizá haya algunos asuntos o retos que no entiende, y se pregunta: "Joel, si Dios es tan bueno, ¿por qué me sucedió esto en mi vida? ¿Por qué no me dieron ese ascenso? Parece que nada tiene sentido".

Sí, eso es cierto, pero sucede porque tiene piezas en su rompecabezas que aún no están en su lugar. Si permanece en fe, enseguida verá cómo cada revés, cada decepción, incluso la pérdida, era simplemente otra pieza de su rompecabezas. Quizá descubra también que si ese problema o reto no hubiera ocurrido, usted no habría llegado a conocer las cosas grandes que Dios tenía para su futuro.

Quizá no lo vea aún, pero Dios tiene las piezas correctas para hacer que el rompecabezas de su vida encaje. Ese rompecabezas quizá no tenga sentido ahora para usted, pero no se desanime; hay otra pieza que viene que hará que todo encaje.

DÍA OCHO

....

YO DECLARO que el sueño de
Dios para mi vida se está cumpliendo.
No habrá nadie que lo detenga, ni
las decepciones o las adversidades.
Dios ya tiene soluciones preparadas
para cada problema que yo tenga.
En mi futuro están las personas y
los tiempos precisos. Cumpliré mi
destino. Esta es mi declaración.

....

Un profesor de universidad llevó a un grupo de estudiantes a China de excursión. A los varios días del viaje, el profesor comenzó a tener un fuerte dolor de estómago. Le dolía tanto, que el profesor le pidió a un amigo que llamara a una ambulancia, y le llevaron rápidamente a una clínica local.

Se encontraban en una pequeña ciudad muy lejana sin grandes hospitales. El equipo médico encargado observó que el apéndice del profesor se había roto. La infección se estaba extendiendo por su cuerpo, pero no había cirujanos cerca. Poco se podía hacer por el profesor, según le dijeron a su amigo.

"Le podemos dar algún medicamento para el dolor, quizá algunos somníferos, pero mi consejo es que se vaya despidiendo de su familia", le dijo el equipo médico.

El profesor comenzó a tener convulsiones y perdía por momentos la consciencia.

En los Estados Unidos, el padre del profesor, que es pastor, comenzó a sentir una carga increíble por su hijo durante una reunión en su iglesia. El pastor intentó ignorar el sentimiento pero no se le iba. Finalmente, detuvo la reunión y le dijo a su congregación: "Tenemos que orar por mi hijo. Algo le está ocurriendo".

Se arrodillaron y oraron.

Mientras tanto, en la clínica de China eran las dos de la mañana cuando uno de los cirujanos más prestigiosos del país entró, el mismo cirujano que viaja con el presidente de los Estados Unidos cuando visita China. El equipo médico se sorprendió al verle.

"Estoy aquí para cuidar del americano", dijo el cirujano.

El cirujano chino salvó la vida del profesor con una intervención.

Al día siguiente, el cirujano le dijo al convaleciente profesor: "¿Quiénes eran esos dos hombres que envió a mi oficina ayer?".

"Yo no le envié a nadie", respondió el profesor. "No conozco a nadie aquí en China. Solo llevo aquí un par de días".

> *Dios sabe cómo hacer que todo salga bien...Él tiene todo en absoluto control.*

"Es extraño, porque dos hombres entraron vestidos con unos trajes muy buenos. Parecían oficiales del gobierno", dijo el cirujano. "Y dijeron que usted era una persona muy importante y que yo tenía que estar aquí en mitad de la noche para operarle".

Dios sabe cómo hacer que todo salga bien. Incluso

a siete mil kilómetros de distancia, Dios tenía a personas orando. Por eso usted puede vivir en paz. Dios tiene todo en absoluto control. Él conoce el fin desde el principio. Dios sabe lo que usted necesitará dentro de una semana, dentro de un mes, incluso dentro de diez años. Y la buena noticia es que Él ya está cuidando de usted.

DÍA NUEVE

....

YO DECLARO que están en camino
bendiciones inesperadas. Pasaré de
sobrevivir a tener más que de sobra.
Dios abrirá puertas sobrenaturales para
mí. Hablará a las personas correctas
de mí. Veré el favor y el crecimiento
de Efesios 3:20 en mi vida, muchísimo
más de todo lo que pueda imaginar
o pedir. Esta es mi declaración.

....

Mi amigo Samuel siempre soñó con empezar su propio negocio. Año tras año era fiel con su jefe, y siempre hacía cosas buenas por los demás; no solo animaba a otros sino que también arreglaba cosas en sus casas, o les llevaba al aeropuerto. Tenía un espíritu generoso y dador.

Hace algún tiempo, otro amigo le pidió ir a cenar con él. Samuel pensó que se pondrían al día de las cosas del ayer, pero este amigo le llevó una propuesta para comenzar un nuevo negocio. Este hombre ya tenía una compañía de mucho éxito, pero quería comenzar algo nuevo. Samuel pensó que solo quería pedirle consejo al respecto y quizá que le animara un poco, pero él le dijo: "No, no solo quiero eso. Quiero que seas mi socio al cincuenta por ciento".

Mi amigo Samuel estaba realmente emocionado.

"Me encantaría hacerlo, pero no tengo dinero como tú", dijo Samuel. "No puedo poner el cincuenta por ciento como tú".

"No te preocupes por ello. No necesito tu dinero", le dijo el empresario. "Eso ya está resuelto. Solo quiero bendecirte porque tú siempre has sido muy bueno conmigo".

Ahora Samuel posee el cincuenta por ciento de un negocio creciente. Su sueño se ha cumplido. ¿Qué ocurrió? Entró en un momento de favor que Dios ya había preparado para él.

Le cayó un negocio en su regazo. Del mismo modo, Dios tiene cosas increíbles para su futuro. Él tiene puertas que se abrirán aún más de lo que usted creía posible. Él puede poner en su camino una oportunidad más grande de lo que se imagina. Quizá piense que ha llegado a su límite, o que nunca conseguirá alcanzar sus sueños, que nunca pagará su casa y que nunca dejará nada para sus hijos. Pero no sabe lo que Dios ya ha declarado acerca de usted. No sabe las cosas increíbles que Dios tiene llegando a su camino.

> *Dios tiene cosas increíbles para su futuro.*

La Biblia habla acerca de cómo Dios recompensa la fidelidad. Mateo 25:21 dice que cuando usted es fiel en lo poco, Dios le dará cosas mayores. Cuando usted se mantiene fiel, creo que hay una paga de camino.

Dios recompensa a los que le buscan. Si usted ha sido fiel, si ha dado y ha servido, entonces Dios dice: "Tu paga está de camino". Él está a punto de liberar un momento de favor que ya tiene para su futuro. Lo único que Dios tiene que hacer es hablar a una persona, y toda su vida puede cambiar para mejor.

DÍA DIEZ

....

YO DECLARO que Dios acelerará
su plan para mi vida si pongo mi
confianza en Él. Alcanzaré mis sueños
más rápidamente de lo que pensaba
que sería posible. No tardaré años
en superar un obstáculo, en salir de
la deuda o en conocer a la persona
indicada. Dios está haciendo cosas más
rápidamente que antes. Él me dará la
victoria antes de lo que creo. Él tiene
bendiciones que me empujarán años
por delante. Esta es mi declaración.

....

En el primer milagro público que Jesús realizó, convirtió el agua en vino en un banquete de bodas. Durante esta gran celebración, el anfitrión se quedó sin vino. La madre de Jesús, María, se acercó a Él y le contó el problema.

"Mamá, ¿por qué me cuentas esto? No puedo hacer nada al respecto", dijo Jesús. "Mi hora aún no ha llegado".

Me imagino la cara de María, sonriendo y diciéndole a los trabajadores: "Háganme un favor. Hagan todo lo que Él les pida".

María sabía lo que Él era capaz de hacer.

Había cerca seis cántaros de agua. Contenían unos cien litros cada uno, y Jesús les dijo a los trabajadores: "Llenen esos cántaros de agua".

Ellos así lo hicieron, llenándolos.

Después dijo: "Ahora, saquen un poco de agua", que ya era vino, "y llévensela al anfitrión del banquete".

Cuando el anfitrión lo probó, llamó al novio y le dijo: "Es increíble. La mayoría de las personas sirven primero el buen vino y luego, cuando la gente ya ha bebido mucho y no distingue bien, sacan el vino más barato; pero tú has hecho justamente lo contrario, guardando el mejor vino para el final".

He leído un poco sobre lo que se tarda en hacer el vino. Es un proceso muy lento que comienza, por supuesto, plantando las semillas. Luego las vides tardan varios años en crecer y producir uvas. Cuando las uvas crecen y maduran y es el tiempo adecuado, se deben recoger y procesar para hacer el vino. En general, puede tomar entre tres y cinco años hasta poder embotellar el vino, y ese sería un vino de calidad media. El vino de mejor calidad tarda entre cinco y siete años. Envejecerlo para que tenga más calidad y valor puede tomar décadas.

Dios puede hacer en un segundo lo que de otra forma le hubiera costado años.

Se ha creído siempre que el buen vino debe tener entre veinte y treinta años. Sin embargo, en su primer milagro público, Jesús produjo el vino de mejor calidad en cuestión de segundos, tan solo en un instante hizo lo que hubiera tardado normalmente décadas en hacerse. Por tanto, si está preocupado porque no tiene tiempo suficiente para lograr sus sueños y metas, debe recordar que, como Jesús aceleró el proceso del vino, Dios puede hacer en un segundo lo que de otra forma le hubiera costado años.

Quizá normalmente le costaría veinte años pagar su casa, pero la buena noticia es que a Dios le gusta acelerar los procesos. Él puede darle en un abrir y cerrar de ojos el empujón necesario para avanzarle treinta años. Él puede convertir su agua en vino.

Anímese; el Dios al que servimos sabe cómo acelerar las leyes naturales. Él puede adelantarle más rápidamente de lo que usted podría imaginar.

DÍA ONCE

....

YO DECLARO Efesios 3:20 sobre mi vida. Dios hará muchísimo más que todo lo que pueda imaginarme o pedir. Como le honro, sus bendiciones me seguirán y me alcanzarán. Estaré en el lugar correcto en el momento correcto. Las personas saldrán de su camino para ser buenas conmigo. Estoy rodeado por el favor de Dios. Esta es mi declaración.

....

Irene, una amiga mía, estaba trabajando en casa, restaurando un mueble con una lijadora eléctrica para quitarle la pintura vieja. Era una herramienta que ya tenía de hacía mucho tiempo, y no estaba en las mejores condiciones. Mientras estaba trabajando, una de las piezas principales se rompió y no pudo seguir trabajando. Así que dejó la lijadora y la pieza rota en una bolsa de la iglesia Lakewood que tenía en casa. Después se acercó a la ferretería.

Se acercó un dependiente para ayudarle, y ella le enseñó la pieza rota y le preguntó si la tenían. Él la miró un tanto extrañado, casi como iluminándosele los ojos, y dijo: "No, no tenemos esta pieza. Ya no trabajamos este modelo". Pero fue a la estantería y consiguió una lijadora totalmente nueva, último modelo y le dijo: "Tenga, quiero que se la quede. Es un regalo que queremos hacerle".

Irene no conocía a ese hombre, nunca antes le había visto, por lo cual se quedó totalmente sorprendida, y dijo: "¿Está seguro de que quiere darme esto?".

Él dijo: "Sí, estoy seguro. Acérquese a ese mostrador y dé mi número: 5-5-5".

Así que se acercó al mostrador casi incrédula aún.

Había tres cajas para pagar, y cada una tenía unas cinco o seis personas esperando en fila. Se quedó de pie al final de una de las filas, y de repente la señora que trabajaba en la caja miró y dijo: "Hola, señora. Acérquese. Quiero cobrarle ahora mismo".

Irene se señaló a sí misma y dijo: "¿Es a mí?".

Ella dijo: "Sí, usted, la mujer tan favorecida".

Irene se sintió un poco avergonzada. No quería colarse, pero la cajera insistió, así que se acercó y le enseñó la lijadora y dijo: "Ese señor me dijo que quería regalármela".

Ella dijo: "Bueno, no sé si puede hacer eso. ¿Quién era?".

"No sé, pero me dijo que su número era 5-5-5", dijo Irene.

Ella dijo: "Bueno, entonces puede hacer lo que quiera, porque es el jefe regional".

Cuando Irene estaba a punto de irse, le dijo a la señora: "Por cierto, ¿por qué me coló en la fila delante de todas estas personas?".

La señora dijo: "Vi su bolsa de la iglesia Lakewood y veo la reunión todos los domingos, y sé que cualquiera que vaya a esa iglesia tiene que ser alguien muy favorecido".

> *Cuando camina en el favor de Dios, sus bendiciones le perseguirán y le alcanzarán.*

Creo que quienes permanecen firmes en la fe son muy favorecidos. Usted necesita prepararse para una vida muchísimo mayor de todo lo que pueda imaginarse o pedir; una vida donde las personas se esforzarán sin razón aparente para ser buenas con usted; una vida donde recibe ascensos aunque no fuera usted el más preparado para el puesto; una vida donde ve que está en el lugar oportuno en el momento oportuno.

Cuando camina en el favor de Dios, sus bendiciones le perseguirán y le alcanzarán.

DÍA DOCE

....

YO DECLARO que soy especial y
extraordinario. ¡No soy del montón!
He sido hecho a medida, soy único.
De todas las cosas que Dios creó, yo
soy de la que Él está más orgulloso.
Soy su obra maestra, su posesión
más valiosa. Iré con mi cabeza
en alto, sabiendo que soy hijo del
Dios Altísimo, hecho a su imagen y
semejanza. Esta es mi declaración.

....

Los psicólogos dicen que nuestra autoestima a menudo está basada en lo que creemos que las personas más importantes de nuestra vida piensan de nosotros. Para los niños, es muy probable que sean sus padres. Para los adultos, podría seguir siendo uno de los padres, su cónyuge, un amigo o un mentor.

El problema con esta filosofía es que la gente nos puede fallar. Pueden decir cosas o hacer cosas que nos produzcan sufrimiento y dolor. Si obtenemos nuestra valía solo de los que nos hieren, probablemente nos sentiremos cada vez menos valiosos con el tiempo. Tarde o temprano dirán algo que cortará como un cuchillo, o demostrarán por medio de sus acciones que realmente no somos tan importantes.

Deje que su Padre celestial sea la persona más importante de su vida.

La clave para entender realmente y mantener un verdadero sentimiento de valía es dejar que su Padre celestial sea la persona más importante de su vida. Obtenga su sentimiento de valía de lo que Él dice de usted.

Cuando comete errores, quizá algunos le critican y le hacen sentirse culpable, como que no hace nada bien, pero Dios dice: "Yo tengo misericordia para cada error. Levántate y continúa. Tu futuro es mejor que tu pasado".

Puede que otros le hagan sentir que no tiene talento, que no es atractivo o que no tiene nada especial que ofrecer, pero Dios dice: "Eres increíble. Eres hermoso. Eres único".

Quizá las personas le fallen y le rechacen, incluso digan cosas que hieran su espíritu. Si está extrayendo su valía y dignidad solo de ellos, irá por la vida sintiéndose inferior, inseguro, con poca autoestima, pero si aprende a recibir su valía de su Padre celestial y escucha lo que Él dice sobre usted, se sentirá aceptado, aprobado, redimido, perdonado, seguro y confiado. Se sentirá extremadamente valioso, y así es como Dios quiere que sea.

Efesios 2:10 (NTV) dice: "Somos la obra maestra de Dios". ¿Se da cuenta de que una obra maestra no se produce en serie? Usted no fue creado en una línea de montaje. Usted no es mediocre. No es común. Ha sido hecho a medida. Es único. Dios le creó a su propia imagen, así que Él pasa por alto las demás cosas y al mirarle, dice de usted: "Aquí está mi obra maestra. Este es mi hijo. Esta es mi hija. Es lo que más gozo produce en mi corazón".

DÍA TRECE

....

YO DECLARO que Dios está produciendo nuevas etapas de crecimiento. No me estancaré ni me aferraré a lo antiguo. Estaré abierto al cambio, sabiendo que Dios tiene algo mejor para mí por delante. En mi futuro tengo nuevas puertas de oportunidades, nuevas relaciones y nuevos niveles de favor. Esta es mi declaración.

....

A veces las mismas cosas contra las que luchamos, las cosas que creemos que están intentando derribarnos, son en realidad la mano de Dios que intenta llevarnos a una nueva etapa. Dios nos sacará de situaciones de comodidad y nos llevará a situaciones que nos harán estirarnos, situaciones que nos obligarán a usar nuestra fe. Quizá no nos guste, quizá no sea cómodo, pero Dios le ama demasiado como para dejarle solo.

Al igual que Dios puede abrir puertas sobrenaturalmente, a veces puede cerrarlas también sobrenaturalmente. Nada ocurre por accidente. Dios está dirigiendo cada uno de sus pasos. Eso significa que si un amigo le ofende, si sufre un revés, si pierde algún ser querido, puede recibir ese cambio y Dios lo usará para llevarle más alto o puede resistirlo y terminará estancándose y conformándose con la mediocridad.

Esté abierto al cambio. No vea el cambio desde un punto de vista negativo. No todos los cambios son malos. Puede que parezca negativo a primera vista, pero recuerde: Dios no lo permitiría si Él no tuviera un propósito para ello. Él lo usará para estirarle y para empujarle hacia una nueva dimensión. Puede que haya usted estado años en una situación perfectamente buena, pero de repente algo se empieza a remover.

Quizá pensaba que estaría en su trabajo otros veinte años, pero por alguna razón las personas que le apoyaban ya no le apoyan; quizá ya no tiene ese favor que antes tenía, y le parece que cada día es una batalla

> *No vea el cambio desde un punto de vista negativo.*

muy cuesta arriba. ¿Qué es eso? Eso es Dios removiendo las cosas.

Es fácil volverse negativo o albergar amargura: "Dios, ¿por qué está ocurriendo esto? Pensaba que tenía tu favor". Pero un enfoque mejor de la situación es mantenerse abierto y saber que Dios sigue estando en control. Si recibe ese cambio, los vientos que pensaba que le derribarían le empujarán en realidad hacia su destino divino.

Quizá está en una relación, y en su interior sabe que la persona no le conviene. Sabe que esa persona le está impidiendo ser quien usted quiere ser. Pero quizá usted piensa: *Si provoco un cambio me quedaré solo.* Usted no quiere mover el barco, y por eso hay veces en que Dios le dará la vuelta al barco. Quizá Dios le obligue a avanzar, no porque Él sea malo, no porque Él esté intentando arruinar su vida, sino porque Él tiene un gran deseo de verle alcanzar todo su potencial.

Por eso a veces puede que Él haga que un amigo se aleje. Él removerá cosas y puede que incluso permita que un amigo le haga algún mal, porque Él sabe que si no cierra esa puerta, usted nunca avanzará. Treinta años después esa persona aún le estaría estorbando, impidiéndole lograr su destino. Dios no removería las cosas si no tuviera preparado para usted algo mejor. No se resista al cambio; recíbalo, y entrará en la plenitud de lo que Dios tiene para usted.

DÍA CATORCE

....

YO DECLARO que usaré mis palabras para bendecir a la gente. Declararé favor y victoria sobre mi familia, amigos y seres queridos. Ayudaré a que crezcan sus semillas de grandeza diciéndoles: "Estoy orgulloso de ti, te amo, eres increíble, tienes mucho talento, eres hermosa, lograrás cosas grandes en la vida". Esta es mi declaración.

....

Cuando declara bendición sobre su cónyuge, sobre sus hijos, sobres sus estudiantes o cualquier otra persona en su vida, no solo está usando palabras bonitas. Esas palabras llevan el poder sobrenatural de Dios. Liberan favor, habilidad, confianza y la bondad de Dios de formas extraordinarias.

Deberíamos hacer que nuestra misión sea declarar bendición a tantas personas como nos fuera posible. Con nuestras palabras podemos liberar favor en la vida de otra persona.

Me enteré de una niña que tenía labio leporino. Su labio estaba un poco arrugado y hacía que su sonrisa se viera un tanto rara.

Cuando estaba en segundo grado, otras estudiantes no jugaban con ella porque era distinta. Creció con muchas inseguridades. Solía apartarse, quedarse sola y realmente no tenía amigas. Un día, la escuela estaba realizando pruebas auditivas. La maestra hizo que cada estudiante se alejara de ella lentamente mientras ella susurraba en voz baja. Se les dijo a los

> *Con nuestras palabras podemos liberar favor en la vida de otra persona.*

estudiantes que repitieran en voz alta, delante de toda la clase, lo que estaba susurrando la maestra.

Con la mayor parte de los estudiantes la maestra decía cosas generales como: "El cielo es azul. Hay un gato en la ventana. Hoy es martes".

Los estudiantes repetían cada frase para demostrar que oían bien.

Cuando llegó el momento de que la niña con el labio leporino saliera, estaba nerviosa y temerosa, pero después de pasar la prueba, la maestra sonrió y le dijo: "Me encantaría que fueras mi niña".

Cuando ella escuchó la aprobación de la maestra y la bendición que declaró para ella, hizo algo en su interior. Le dio un nuevo sentimiento de seguridad, una mayor autoestima. No solo eso, sino que cuando las otras estudiantes escucharon lo mucho que la maestra amaba a esta niña, comenzaron a cambiar su actitud hacia ella. Ahora todas querían ser sus amigas; se querían sentar con ella en el recreo, y comenzaron a invitarle a sus casas después de la escuela.

¿Qué provocó eso? Hubo una bendición que se proclamó, no por un padre sino por una figura de autoridad, y eso liberó el favor de Dios en su vida de una forma mucho mayor. Cuando se convirtió en una señorita, la niña a menudo hablaba de ese día como un punto de inflexión en su vida.

Pienso en lo que habría ocurrido si su maestra se hubiera guardado esa bendición. ¿Qué tal si tan solo hubiera dicho algo normal? ¿Quién sabe dónde estaría hoy esa joven señorita?

Es algo muy sencillo, pero puede tener un impacto enorme. Por eso debería usted desarrollar el hábito de declarar bendición cada vez que tenga una oportunidad.

DÍA QUINCE

· ·

YO DECLARO que tengo una mente
sana llena de buenos pensamientos, y
no pensamientos de derrota. Por fe, soy
capaz. Estoy ungido, estoy equipado,
estoy capacitado. La Palabra de Dios
guía mis pensamientos cada día, y
ningún obstáculo puede derrotarme,
porque mi mente está programada para
la victoria. Esta es mi declaración.

· ·

Muchas de las promesas de Dios están en tiempo pasado. En Efesios, Dios dice que nos ha bendecido con toda bendición espiritual. En Colosenses dice que nos ha hecho dignos, y en Salmos dice que nos ha rodeado de favor como un escudo.

Todas estas declaraciones están en tiempo pasado, como algo que ya ha sucedido. Ahora usted debe hacer su parte y entrar en acuerdo con Dios. Quizá no se sienta bendecido hoy: quizá haya muchas cosas en contra de usted aún en su propia familia, o en su economía, o respecto a su salud.

Es posible que su mente le esté diciendo: *Esto no es para mí. Yo no he sido bendecido.*

En lugar de ello, debe ser valiente y decir: "Dios, si tú dices que he sido bendecido, entonces creo que he sido bendecido. Mi chequera puede decir que no estoy bendecido; la economía no refleja que esté bendecido; el informe médico no dice que esté bendecido. Pero Dios, sé que tú tienes la máxima autoridad. Como tú dices que estoy bendecido, mi última decisión es que estoy bendecido".

Cuando usted entra en acuerdo con Dios de este modo, está permitiendo que Él libere las promesas que ya tienen su nombre escrito en ellas. Puede sacarlas de la esfera espiritual invisible para llevarlas a la esfera física de lo visible. Eso es lo que afirma la Biblia al decir que Dios habla de las cosas que no son como si fuesen.

Dios ya le ha coronado de favor.

Pero hay muchas personas que van por ahí pensando: *Bueno, me gustaría estar bendecido; desearía tener favor.* No, tiene que reprogramar su pensamiento. Dice en Salmos que Dios ya le ha coronado de favor. Quizá no se dé cuenta de ello, pero hay una corona en su cabeza ahora mismo y no es una corona de derrota, de carencia, de mediocridad. Es una corona del favor de Dios.

Si quiere activar ese favor, debe estar de acuerdo con Dios al declarar: "Tengo favor". No puede vivir arrastras pensando: *¿Por qué siempre me toca a mí lo peor? ¿Por qué siempre me pasan cosas malas?* Cuando tenga estos pensamientos de desánimo que le intentan convencer de que no hay nada bueno para usted, tiene que alzar sus manos en fe y ajustar su corona de favor. Asegúrese de que está derecha. Dios ya le ha bendecido, ya le ha hecho más que vencedor, y ya le ha dado esa corona de favor.

¿Cómo sintoniza con lo que Dios ya ha hecho? Muy sencillo: simplemente actúe como si estuviera bendecido, hable como si estuviera bendecido, camine como si estuviera bendecido, piense como si estuviera bendecido, sonría como si estuviera bendecido, vístase como si estuviera bendecido. Póngale acciones a su fe, y un día lo verá convertirse en realidad.

DÍA DIECISÉIS

....

YO DECLARO que viviré como un sanador. Soy sensible a las necesidades de los que me rodean. Levantaré al caído, restauraré al quebrantado y animaré al desalentado. Estoy lleno de compasión y amabilidad. No buscaré simplemente un milagro; me convertiré en el milagro de otra persona mostrando amor y misericordia dondequiera que vaya. Esta es mi declaración.

....

Nunca es usted más semejante a Dios que cuando ayuda a personas heridas. Una de nuestras tareas en la vida es ayudar a enjugar las lágrimas. ¿Es usted sensible a las necesidades de quienes le rodean? ¿De sus amigos? ¿De sus vecinos? ¿De sus compañeros de trabajo?

Muchas veces, detrás de esa hermosa sonrisa, detrás de la alabanza del domingo, hay una persona herida. Está sola; su vida está revuelta. Cuando alguien está luchando, ofrézcase. Sea un sanador. Sea un restaurador. Tómese tiempo para enjugar las lágrimas.

Su tarea no es juzgar; su tarea no es saber si alguien se merece algo, o decidir quién tiene razón o quién no. Su tarea es levantar al caído, restaurar al quebrantado y sanar al herido.

> *Puedo convertirme en el milagro de otra persona.*

Con demasiada frecuencia nos enfocamos en nuestro propio objetivo, nuestro propio sueño y en cómo podemos conseguir nuestro milagro. Pero he aprendido algo que es más importante: puedo convertirme en el milagro de otra persona.

Hay sanidad en sus manos; hay sanidad en su voz. Usted es un recipiente lleno de Dios. Ahora mismo está lleno de ánimo, lleno de misericordia, lleno de restauración, lleno de sanidad. Dondequiera que va debería repartir la bondad de Dios.

Si se pone usted cerca de mí, será mejor que se prepare. Será animado. Quizá haya cometido muchos errores, pero le diré: *La misericordia de Dios es mayor que cualquier error que haya cometido.* Quizá haya perdido años de su vida tomando malas decisiones, pero le diré que Dios todavía tiene una manera de llevarle hasta su destino final.

Quizá haya tenido una adicción desde su adolescencia, pero le diré que el poder del Dios Altísimo puede romper cualquier adicción y liberarle. Eso es lo que significa repartir bondad: levantar al caído, animar al desalentado, tomarse tiempo para enjugar las lágrimas.

Jesús contó la historia del buen samaritano que iba montado en su burro y vio a un hombre tirado en el camino, golpeado y malherido. Le puso en su burro y le llevó a un lugar donde pudiera recuperarse. Me encanta el hecho de que el buen samaritano caminó para que el hombre herido pudiera ir montado.

A veces puede que usted tenga que ir a pie con alguien que está herido. Debe estar dispuesto a sufrir incomodidades. Quizá se tenga que perder una comida para enjugar una lágrima. Quizá tenga que saltarse un día de entrenamiento para animar a una pareja en dificultades. Quizá tenga que conducir hasta el otro lado de la ciudad para recoger a un compañero de trabajo que es adicto y llevarle a la iglesia con usted el domingo. Si quiere vivir como un sanador, debe estar dispuesto a cederle su lugar a la persona herida.

DÍA DIECISIETE

....

YO DECLARO que apoyaré mi
fe con acciones. No seré pasivo ni
indiferente. Demostraré mi fe dando
pasos valientes para avanzar hacia lo
que Dios ha puesto en mi corazón.
Mi fe no estará escondida, sino que
será visible. Sé que cuando Dios
vea mi fe, intervendrá y hará cosas
increíbles. Esta es mi declaración.

....

En la Biblia había un hombre paralítico. Yacía en cama durante todo el día. Cierto día, oyó que Jesús estaba en su ciudad tocando a la gente. Convenció a cuatro amigos suyos para que le llevaran en su lecho hasta la casa donde estaba Jesús hablando.

Cuando llegaron, el lugar estaba repleto de gente, y no podían entrar. Habían hecho un gran esfuerzo para estar ahí. Estoy seguro de que los cuatro hombres estarían cansados. Estoy seguro de que les dolía la espalda y tendrían los hombros descoyuntados. Habían viajado todo el día en vano. Qué decepción. Qué desánimo. Se podían haber desanimado muy fácilmente, y decir: "Qué le vamos a hacer. No ha sido posible".

> *Cuando más cerca está de su victoria es cuando encuentra su mayor oposición.*

Pero no el hombre paralítico: él estaba decidido. Puedo ver a sus cuatro amigos dándose la vuelta para llevarle de regreso a casa. Pero él dijo: "No, no. No nos vamos a casa aún. No me iré sin mi milagro".

Este hombre entendía esto: cuando más cerca está

de su victoria es cuando encuentra su mayor oposición. Muchas personas abandonan con demasiada facilidad.

"Joel, lo he intentado pero me dijeron que no".

"Intenté realizar mis estudios, pero la universidad estaba llena".

"Intenté comprarme esa casa nueva, pero no me dieron el préstamo".

"Intentamos ir a la iglesia Lakewood, pero el estacionamiento estaba muy lleno".

Debe tener una mayor determinación. Debe tener una actitud de "nunca decir que murió". Si no puede entrar por la puerta, ¿por qué no lo intenta por la ventana? Si no puede entrar por la ventana, ¿por qué no ser valiente e intentarlo por el tejado? Eso es lo que este hombre hizo en la historia bíblica.

Dijo a sus amigos: "Tengo una idea. Llévenme al tejado. Hagan un agujero y bájenme para que pueda estar en un lugar enfrente de Jesús".

Querer es poder. Ellos bajaron a este hombre paralítico en su cama, ahí acurrucado, y le pusieron delante de Jesús. El versículo comienza en Marcos 2:5 diciendo: "Al ver Jesús la fe de ellos...".

Esta es mi pregunta para usted hoy. ¿Tiene usted una fe que Dios pueda ver? ¿Está haciendo algo más allá de lo normal para mostrarle a Dios que cree en Él? No basta solo con orar; no basta solo con creer. Como este hombre, tiene que hacer algo para demostrar su fe.

Jesús miró al hombre y dijo: "Levántate, toma tu

camilla y vete a tu casa". Inmediatamente, el hombre se levantó. Recogió su camilla, y se fue a casa perfectamente bien. Pero todo comenzó cuando se atrevió a hacer algo mediante lo cual Dios pudiera ver su fe.

Había otras personas en la sala que no se sanaron. ¿Cuál fue la diferencia? Este hombre puso acciones a su fe. Dios está buscando personas que tengan una fe que Él pueda ver. No solo una fe que Él pueda oír, no solo una fe que crea, sino una fe que sea visible. Una fe que se demuestre. Una cosa es orar, una cosa es creer; pero si realmente quiere conseguir la atención de Dios, ponga acciones detrás de lo que cree.

DÍA DIECIOCHO

....

YO DECLARO que a mi vida vienen cosas positivas en camino, estallidos repentinos de la bondad de Dios. No un goteo, no un chorrito, sino una riada del poder de Dios. Una riada de sanidad, una riada de sabiduría, una riada de favor. Soy una persona de favor y decido tener una mentalidad de favor y cosas positivas. Espero que Dios me desborde con su bondad y me asombre con su favor. Esta es mi declaración.

....

En la Biblia, el rey David necesitaba una victoria cuando se vio ante una situación imposible. Él y sus hombres se iban a enfrentar a un ejército enorme: los filisteos. Su ejército era mucho más pequeño, y tenían pocas o ninguna probabilidad de ganar. David pidió ayuda a Dios, y Dios le dio a David la promesa de que Él iría con ellos y que derrotarían a ese ejército.

Cuando David y sus hombres salieron, eso fue exactamente lo que ocurrió. Dios les dio una gran victoria. David se vio tan abrumado, que dijo en 1 Crónicas 14:11: "Dios rompió mis enemigos por mi mano, como se rompen las aguas". Nombró a aquel lugar Baal-perazim, que significa "el Señor que quebranta". Observe que David comparó el poder de Dios con el ímpetu de las aguas. Lo describió como una riada. Estaba diciendo que cuando el Dios que quebranta aparece y libera su poder, es como una riada de su bondad, una riada de su favor, una riada de sanidad, una riada de nuevas oportunidades.

Piense en el poder del agua: un metro de agua puede levantar un automóvil enorme que pese cientos de kilos y desplazarlo a su antojo. He visto en las noticias grandes riadas que arrastran casas por el río. No hay nada que pueda detener la fuerza del agua. Todo lo que encuentre en su camino lo arrastrará con ella.

Quizá tenga dificultades que parezcan muy grandes, obstáculos que parezcan imposibles, y sueños que parezcan inalcanzables, pero sepa bien que cuando el Dios que quebranta libera su riada de poder, nada puede detenerlo.

> *Cuando el Dios que quebranta libera su riada de poder, nada puede detenerlo.*

Su enfermedad puede parecer grande, pero no es nada para el Dios que quebranta. No hay opción cuando Dios libera una riada de su sanidad.

Quizá sus oponentes parezcan poderosos; puede que sean más grandes, fuertes, mejor equipados y con más recursos, pero no tienen opción alguna cuando Dios abre las compuertas de su favor. Tiene usted que prepararse no para un goteo, no para un chorrito, no para un río. No, prepárese para una riada del favor de Dios, una marea de la bondad de Dios, un tsunami de su aumento.

Puede que usted esté pensando en "goteo" cuando Dios tiene todo un océano con el que trabajar. Está pensando en "chorrito" cuando Dios tiene una marea. Debería usted aumentar su visión. Atrévase a estirar su fe. Dios quiere liberar su favor como una riada; quiere abrumarle con su bondad.

DÍA DIECINUEVE

YO DECLARO que hay una unción de allanar en mi vida. Dios va delante de mí enderezando los caminos torcidos. Su yugo es fácil de llevar y su carga es liviana. No estaré constantemente luchando, porque lo que antes era difícil ya no lo será. El favor y las bendiciones de Dios en mi vida están alivianando la carga y quitándome la presión. Esta es mi declaración.

Jesús dijo que su yugo es fácil de llevar y que su carga es liviana. Dios quiere hacer que su vida sea más fácil. Quiere ayudarle cuando conduce, cuando está comprando en el supermercado, cuando cría a sus hijos, o cuando está afrontando ese problema que tiene en el trabajo. Cada día le debería dar gracias por su unción de allanar.

Eso es lo que David hacía. En el Salmo 23, declaró que el Señor ungía su cabeza con aceite. El aceite hace que las cosas fluyan. Cuando algo roza o se atasca, se usa el aceite para lubricarlo y hacer el roce más fluido. Esto es lo que Dios hace con usted cuando unge su cabeza con aceite. David dijo a continuación que el Señor le había ungido, y que ciertamente el bien y la misericordia le seguirían a dondequiera que fuese. Esto significa que las cosas serán más fáciles; con lo que usted antes tenía lucha, ya no la tendrá. Las personas querrán ser amables con usted sin razón alguna. Tendrá descansos que no se merece, ideas, inteligencia, creatividad, y no sabrá de dónde han venido. Ese es el aceite que Dios puso sobre su vida: su unción de allanar.

Una vez estaba ante una situación difícil que no

sabía cómo resolver. Me encontraba en otra ciudad, lejos de casa, y necesitaba urgentemente consejo, así que llamé a un amigo. Él me dijo: "Joel, tienes que hablar con uno de mis socios, él es un experto en esta materia. Seguro que te puede ayudar. Pero estará fuera de la ciudad un par de semanas".

Yo no podía esperar dos semanas, era demasiado tiempo para mí. Me preguntó dónde estaba, y se lo dije. Me dijo: "Estás bromeando. Ese hombre salió hace dos o tres horas y se dirige hacia donde tú estas".

Cuando me dio la dirección, me di cuenta de que el hombre estaría hospedado a menos de tres kilómetros de donde yo estaba. Al enterarme, supe que Dios seguía sentado en el trono.

Dios está dirigiendo cada uno de sus pasos.

Estábamos los dos a miles de kilómetros de casa. Podíamos haber estado en cualquier parte del mundo. ¿Cuáles eran las probabilidades de que estuviéramos a cinco minutos de distancia?

¿Qué es lo que estoy intentando decir? Que Dios está dirigiendo cada uno de sus pasos. Él ya tiene las soluciones a sus problemas; Él ya tiene preparados los descansos que usted necesita. Quiero que salga a la calle cada día sabiendo que hay favor para su futuro. Hay restauración para su futuro. Hay sanidad en su futuro. Hay buenos descansos un poco más adelante. Si se mantiene en la fe, verá que hay un favor que hará que su vida sea más fácil.

DÍA VEINTE

....

YO DECLARO que tengo calma y
paz, y no dejaré que determinadas
personas o circunstancias me
entristezcan. Estaré por encima de
cualquier dificultad, sabiendo que
Dios me ha dado el poder para
permanecer calmado. Decido vivir
mi vida alegremente, florecer donde
estoy plantado, y dejar que Dios pelee
mis batallas. Esta es mi declaración.

....

Una señora me habló una vez de un pariente de su marido que era muy dogmático. Siempre estaba haciendo comentarios cortantes y degradantes sobre ella. Esta pareja no llevaba casada mucho tiempo, y siempre que iban a reuniones familiares, ese pariente decía algo para ofenderla. Ella se enojaba, y le arruinaba el día. Llegó al punto de ni siquiera ir a las reuniones familiares. Finalmente, le dijo a su marido: "Tienes que hacer algo con respecto a ese hombre. Es tu pariente".

Ella esperaba que su marido respondiera: "Es cierto, cielo, no debería hablarte así. Hablaré con él". Pero el marido hizo justamente lo contrario. Dijo: "Cielo, te quiero, pero yo no puedo controlarle. Tiene todo el derecho a manifestar su opinión. Él puede decir todo lo que quiera, pero tú tienes todo el derecho a no ofenderte".

Al principio, ella no entendió por qué su marido no la defendía. Una y otra vez se ponía triste. Si ese pariente estaba en una habitación, ella se iba a otra. Si él salía, ella se aseguraba de permanecer dentro. Estaba permanentemente enfocada en evitar a ese hombre.

Un día se dio cuenta de que estaba gastando sus energías; fue como si una luz se encendiera en su mente. Ella estaba permitiendo que una persona con problemas la detuviera de ser quien fue creada para ser.

> *Cuando usted permite que algo que le digan o hagan le moleste, está permitiendo que le controlen.*

Cuando usted permite que algo que le digan o hagan le moleste, está permitiendo que le controlen. Cuando dice: "Me enojas mucho", lo que realmente está haciendo es admitir que está gastando sus energías. Si esa persona sabe que al tocar esa área usted va a responder así, y usted lo hace, le está dando exactamente lo que quiere.

La gente tiene derecho a decir lo que quiera, y hacer lo que quiera, mientras sea legal. Pero nosotros tenemos derecho a no ofendernos, tenemos derecho a pasarlo por alto. Pero cuando nos molestamos y vamos por ahí enojados, cambiamos. Lo que está pasando es que damos demasiada importancia a lo que piensen de nosotros. Lo que otros dicen de usted no define quién es, y la opinión de ellos no determina su valor. Permita que eso rebote en usted como el agua en la espalda de un pato. Ellos tienen derecho a tener su opinión, pero usted tiene derecho a ignorarla.

DÍA VEINTIUNO

· ·

YO DECLARO el favor sobrenatural
de Dios en mi vida. Lo que yo
no podría hacer suceder por mí
mismo, Dios hará que suceda
por mí. Oportunidades, sanidad,
restauración, y cosas positivas vienen
sobrenaturalmente en camino. Me
estoy poniendo más fuerte, sano e
inteligente. Descubriré talento que no
sabía que tenía y cumpliré el sueño que
Dios me dio. Esta es mi declaración.

· ·

En la Biblia, Dios prometió a Sara que tendría un hijo. Al principio, ella no lo creía porque pensaba que era demasiado mayor. Me encanta lo que le dice Dios en Génesis 18:14: "¿Hay para Dios alguna cosa difícil?".

Dios dijo eso para enseñarnos a cada uno de nosotros que no hay nada difícil para Él. ¿Cree usted que sus sueños son demasiado grandes como para que Él los pueda cumplir? ¿Cree que su relación está demasiado rota como para que Dios no la pueda arreglar? ¿Cree que tiene que vivir con esa enfermedad el resto de su vida?

No. Cambie hoy su manera de pensar, cambie su actitud. Dios dice: "Yo soy omnipotente, puedo darle la vuelta a cualquier situación".

No importa cómo se vea en el mundo natural, Él es un Dios sobrenatural.

La Biblia dice que no hay nada demasiado grandioso para el Señor.

Dios dice: "Y Dios puede hacer que toda gracia abunde para ustedes, de manera que siempre, en toda circunstancia, tengan todo lo necesario, y toda buena obra abunde en ustedes. Como está escrito: Repartió sus bienes entre los pobres; su justicia permanece para siempre." (2 Corintios 9:8-9, NVI). Otra traducción dice: "las peticiones secretas de su corazón". Son sus sueños ocultos, esos deseos secretos, esas promesas que nadie sabe que las ha hecho, que son entre Dios y usted. Sepa esto hoy: Dios quiere cumplir sus peticiones secretas. ¿Lo cree? ¿Pondrá su fe en eso?

A veces pensamos: *Dios tiene otros asuntos más importantes de los que ocuparse que de sacar mi negocio a flote, o mi viaje al otro lado del mundo para ver a mis parientes. No puedo molestar a Dios con estos asuntos; no son lo suficientemente importantes.*

> Dios es el que pone el sueño en su corazón... Quiere sorprenderle con su bondad.

No, es justamente lo contrario. Dios es el que pone el sueño en su corazón. Como padre, yo sé que me encanta hacer cosas buenas para mis hijos, me encanta alegrarles el día. Quiero que usted tenga una revelación de lo mucho que su Padre celestial anhela ser bueno con usted. Quiere sorprenderle con su bondad.

Cuando usted cree, una serie de eventos se pone en marcha, Dios quiere concederle los deseos de su corazón. Creo que incluso ahora mismo, al tener usted fe, al decir: "Señor, yo creo", Dios está preparando cosas en su favor. Está preparando las personas apropiadas, las oportunidades apropiadas. En los próximos días verá aumento sobrenatural, bendiciones explosivas.

DÍA VEINTIDÓS

....

YO DECLARO que viviré victoriosamente, porque fui creado a la imagen de Dios. Tengo el ADN de un vencedor, y llevo puesta una corona de favor. Sangre real corre por mis venas, y seré siempre cabeza, y no cola. Estaré siempre por encima, nunca por debajo. Viviré con propósito, con pasión y con alabanza, sabiendo que fui destinado a vivir en victoria. Esta es mi declaración.

....

La Biblia dice en Romanos 5:17 que reinaremos en vida como reyes. Cuando Dios nos mira, no nos ve derrotados, apenas sobreviviendo, o tomando las posiciones que sobran. Nada de eso. Dios le ve como un rey, como una reina. Usted lleva su sangre real en las venas; por tanto, usted y yo deberíamos reinar en vida.

¿Sabe lo que significa la palabra *reinar*? Significa "tiempo en el poder". Dios dijo que deberíamos reinar ¿cuánto tiempo? En vida. Eso significa que mientras esté vivo, ese es su tiempo en el poder. No tiene dos años de poder, como un alcalde, o cuatro, como un presidente. Su periodo para reinar es todos los días, para ser victorioso, para ascender a nuevos niveles, para conseguir grandes cosas.

Y en esos días cuando no se siente como un rey, o una reina, recuerde tomar su pulso. Mientras sienta palpitaciones, puede decir: "Vaya, todavía es mi periodo en el poder". Eso será un recordatorio de cambiar de actitud, y a veces esto lo tendrá que hacer en fe. Puede que no se sienta victorioso, o quizá no parezca que está bendecido, pero me gusta el dicho: "Tiene que aparentarlo hasta lograrlo". Por fe tiene que andar como un rey, hablar como un rey, pensar como un rey, vestir como un rey, y sonreír como un rey. No actúe basándose en lo que ve, sino en lo que sabe. Hay realeza en su ADN, tiene la sangre de un vencedor, y fue creado para reinar en vida.

Demasiadas personas están viviendo por debajo de sus privilegios, y se debe a que su visión ha sido nublada por errores pasados, decepciones, o la forma en que fueron criados. No se sienten como realeza. No creen que podrían ser prósperos y cumplir lo que Dios ha puesto en sus corazones. Pero yo creo hoy, mientras hablo con fe a su vida, que algo está ocurriendo en su interior.

> *Actúe basándose en lo que sabe.*

Nuevas semillas están echando raíces; fortalezas que pueden haberle detenido durante años, en este momento están siendo rotas. Usted tiene que levantarse y decir: "Ya está. No me quedaré donde estoy, porque sé que todavía es mi periodo en el poder. Sí, puede que haya tomado un descanso por un tiempo, pero tengo algo que decir: Estoy de vuelta, y empezaré a ascender hasta lo que Dios me creó para ser".

DÍA VEINTITRÉS

....

YO DECLARO que soy un edificador de personas. Buscaré oportunidades para animar a otros a sacar lo mejor de ellos y ayudarles a cumplir sus sueños. Proclamaré palabras de fe y victoria, afirmándoles, aprobándoles, haciéndoles saber que son valorados. Ayudaré a que sus semillas de grandeza crezcan, impulsándoles a subir más alto y a llegar a ser lo que Dios les creó para ser. Esta es mi declaración.

....

¿Sabe a cuánta gente nunca le han dicho: "Eres un vencedor"? Seguramente hay personas en nuestra vida ahora mismo, personas con las que trabaja, personas con las que juega al fútbol, incluso parientes, que están suplicando su aprobación. Están anhelando que proclame esa bendición sobre su vida.

Usted no sabe lo que puede significar para ellos el hecho de que les afirme, que les dé su consentimiento, o que les diga con claridad que está orgulloso de ellos y que van a lograr grandes cosas. Todas las personas necesitan ser valoradas y apreciadas; todas las personas necesitan esa bendición.

> *Todas las personas necesitan ser valoradas y apreciadas; todas las personas necesitan esa bendición.*

Permítame preguntarle hoy: ¿Qué clase de semillas está plantando en su hijo, en su cónyuge, en ese amigo, en ese sobrino? ¿Está creyendo en alguien? ¿Se está tomando el interés de averiguar cómo puede hacer que la vida de otra persona pueda ser mejor? Escuche sus sueños, averigüe qué es lo que Dios ha puesto en sus corazones, y déjeles saber que está para lo que necesiten; deles su aprobación.

Si habla con cualquier persona exitosa, le dirá que alguien creyó en él o ella, que alguien plantó una semilla y le animó cuando estaba abajo. Que alguien le ayudó a tener un buen descanso, que alguien le habló con fe cuando creía que no podría seguir adelante.

Tomas Edison animó a Henry Ford. Le presentaron al señor Ford como "el hombre que intentaba construir un automóvil que funcionara con gasolina". Cuando Edison lo escuchó, su cara se iluminó. Golpeó la mesa con su puño y dijo: "Eso es. Un automóvil con su propia planta de producción de energía; es una idea brillante".

Hasta ese momento, nadie nunca había animado al señor Ford, porque a nadie le había parecido buena su idea. De hecho, casi se había convencido a sí mismo para desistir, pero llegó Edison y le habló con fe. Ese fue un punto decisivo en la vida de Henry Ford. Él dijo: "Creía que tenía una buena idea, pero empecé a dudar. Entonces llegó una de las mentes más brillantes de la historia y me dio su total aprobación".

Eso es lo que puede suceder cuando mostramos un simple voto de confianza. Nosotros no nos damos cuenta del verdadero poder que tenemos. No nos damos cuenta de lo que puede significar el hecho de decirle a alguien: "Creo en ti; tú tienes lo que hace falta para conseguirlo, y yo estaré contigo el cien por ciento del tiempo". Y de verdad, cada uno de nosotros deberíamos scr el fan número uno de alguien. Deberíamos animarle, levantarle cuando se cae, celebrar cuando triunfa, orar cuando esté luchando. Eso es lo que significa ser un edificador de personas.

DÍA VEINTICUATRO

· ·

YO DECLARO que hablaré solamente
palabras de fe y victoria sobre mí
mismo, mi familia y mi futuro. No
usaré mis palabras para describir
la situación, sino para cambiar mi
situación. Declararé favor, buenos
descansos, sanidad, y restauración.
No le contaré a Dios cuán grandes
son mis problemas; les contaré a
mis problemas cuán grande es mi
Dios. Esta es mi declaración.

· ·

Es necesario que prestemos atención a las cosas que decimos. He conocido a personas que siempre están hablando de lo muy cansadas que están, y lo dicen tan seguido que se ha convertido en una realidad. Cuanto más hable de cosas negativas en su vida, más cosas negativas vendrán, así que si se levanta en la mañana y se siente cansado y sin energías, en vez de quejarse, debe declarar: "Soy fuerte y estoy lleno de energía, porque Dios renueva mis fuerzas. Puedo hacer lo que tengo que hacer hoy".

Algunas veces, cuando hemos estado viajando mucho y estábamos muy ocupados, vamos a la iglesia y Victoria dice: "Joel, estoy tan cansada, mira mis ojos. ¿Ves que enrojecidos que están?".

Yo siempre le digo: "No, Victoria, te ves genial, tan preciosa como siempre".

Ella me conoce demasiado bien, y dice: "No, no lo estoy. Te conozco, simplemente no lo quieres decir".

Victoria tiene razón. Yo no voy a asentir cuando ella dice que se ve mal. Yo no quiero declarar derrota a su vida, quiero declarar victoria. Algunas veces me pregunto qué pensaría ella si alguna vez le dijera:

"Es verdad, Victoria, no te ves nada bien, te ves muy cansada. ¿De verdad te vas a poner eso?".

¡Seguramente tendría que buscar a alguien que me llevara a casa! Por eso, opto por hablar con esperanza. Cuanto más hablamos de lo cansados que estamos, más cansados nos sentimos; o cuanto más hablamos de lo deprimidos que estamos, más deprimidos nos sentimos. Igualmente, cuanto más hable sobre su condición de sobrepeso, más estará en sobrepeso. Cámbiese al lado de la victoria.

No hable sobre cómo es usted, hable sobre cómo quiere ser.

Anímese a usted mismo, y no declare derrota sobre su vida.

Hay una chica joven en el equipo de trabajo en la iglesia Lakewood. Ella le contó al grupo de mujeres que cada mañana, cuando va a salir de su casa, se mira al espejo y dice: "Chica, hoy si que te ves bien".

Hace un tiempo la vi y le pregunté si lo seguía haciendo. Me dijo: "Sí. De hecho, esta mañana, Joel, cuando me he mirado en el espejo, he dicho: 'Chica, algunos días te ves bien, pero hoy te ves genial'".

Le animo a que sea atrevido de esta misma forma. Anímese a usted mismo, y no declare derrota sobre su vida. Sea valiente y atrévase a decir: "Hoy si que me veo bien. Estoy hecho a la imagen de Dios Todopoderoso. Soy fuerte y tengo mucho talento. Soy bendecido, creativo, y tendré un día productivo".

DÍA VEINTICINCO

....

YO DECLARO que no solo sobreviviré, ¡sino que también prosperaré! Prosperaré a pesar de cualquier dificultad que venga a mi vida, porque sé que cada paso hacia atrás es para dar dos hacia delante. No me estancaré, ni rendiré mis sueños, ni me quedaré donde estoy. Sé que un solo toque del favor de Dios puede cambiarlo todo. ¡Estoy listo para un año de bendiciones y de prosperidad! Esta es mi declaración.

....

Algunas personas se quedan ancladas en una mentalidad de supervivencia en vez de en una mentalidad de prosperidad. Ven tantos reportajes inquietantes en televisión, que piensan: "Todo está demasiado mal, ¿Cómo voy a conseguirlo?".

De la misma forma en que usted puede ser convencido para sobrevivir, yo quiero convencerle para prosperar. Me doy cuenta de que debemos de ser sabios con lo que Dios nos ha dado, pero no creo que debamos retrasarnos hasta el punto en que ya no estemos persiguiendo nuestros sueños y no esperemos incremento o favor. Yo creo que no deberíamos estar solamente aguantando, o intentando mantenernos; esa es una mentalidad de supervivencia.

> *Dios puede multiplicar su tiempo y ayudarle a terminar más cosas; Él puede multiplicar su sabiduría y ayudarle a tomar mejores decisiones.*

Acuérdese de esto: de la misma forma en que Dios multiplicó cinco panes y dos peces para dar de comer a miles de personas, Él puede multiplicar lo que usted tiene. Dios puede multiplicar su tiempo y ayudarle a terminar más cosas; Él puede multiplicar su sabiduría y ayudarle a tomar mejores decisiones.

Dios está en control total. Cuando vengan tiempos difíciles, no se desanime y piense: *Todo está muy mal. Si tan solo pudiera mantenerme y aguantar un año más...*

No, cambie su manera de pensar y diga: "No solo voy a sobrevivir. Voy a avanzar. Voy a prosperar pese a esta dificultad".

Una mujer joven me contó que había estado teniendo problemas en su matrimonio durante mucho tiempo. Ella había hecho su mejor esfuerzo por mantenerlo, pero a pesar de eso, no había funcionado. Ella dijo: "Joel, por lo menos he sobrevivido". Estaba contenta con haber conseguido aguantar, pero yo me di cuenta de que estaba desanimada. Era una mujer hermosa, pero había perdido su fuego; había perdido el brillo de sus ojos.

Le dije lo que le estoy diciendo a usted: "Has aguantado, pero no puedes seguir con esa mentalidad de supervivencia. Dios tiene nuevas etapas para ti, y tiene nuevas puertas que Él quiere abrir. Quiere que la segunda parte de tu vida sea mejor que la primera".

Una mentalidad de supervivencia no le permitirá tener lo mejor de Dios. Sacúdaselo y diga: "Dios, tú prometiste que lo que fue hecho para mal, tú lo ibas a usar en mi favor. Puede que haya pasado por el fuego, por la hambruna, por la inundación, pero sé que es mi tiempo para obtener tu favor. Es mi tiempo para ver más de tu bondad en mi vida."

Mantenga su fe. Quiero que empiece a esperar que Dios le engrandezca de una forma mejor. ¡Empiece a esperar que este sea el mejor año de su vida hasta ahora!

DÍA VEINTISÉIS

....

¡YO DECLARO que tendré fe en vez de tener miedo! Meditaré en lo que es positivo y bueno de mi situación, y usaré mi energía no para preocuparme, sino para creer. El miedo no forma parte de mi vida, y no viviré con pensamientos negativos y desalentadores. Mi mente está centrada en lo que Dios dice de mí. Sé que su plan para mí es de éxito, victoria, y abundancia. Esta es mi declaración.

....

La fe y el miedo tienen algo en común, y es que los dos nos piden que creamos que algo que no vemos va a suceder.

El miedo le dice: "Crea en lo negativo. ¿Ese dolor en el costado? Esa es la razón por la que su abuela murió, y seguramente será también su fin".

La fe dice: "Esa enfermedad no es permanente, es solo temporal".

El miedo dice: "La economía va lenta, usted se va a hundir".

La fe dice: "Dios está supliendo todas sus necesidades".

El miedo dice: "Ha pasado por demasiadas cosas. Nunca será feliz".

La fe dice: "Sus mejores días están aún por llegar".

Esta es la clave: en lo que meditamos es lo que arraiga en nuestra vida. Si vamos por ahí pensando en nuestros miedos todo el día, se convierten en realidad.

Esto es lo que dijo Job: "Porque el temor que me espantaba me ha venido, y me ha acontecido lo que yo temía" (Job 3:25).

Un hombre me dijo una vez que cuando había cosas buenas en su vida, cuando se había comprometido y su negocio estaba bendecido, no lo disfrutaba, porque en vez de dar gracias a Dios, pensaba que no durarían y que eran demasiado buenas para ser ciertas.

Yo le dije: "Estás contribuyendo a que tus miedos se cumplan. Cuando vengan pensamientos negativos, no dejes que arraiguen, simplemente cámbiate al lado de la fe y di: 'Padre, tú dijiste que tu favor duraría toda la vida, y que el bien y la misericordia me seguirán todos los días de mi vida'".

> *No use su energía para preocuparse, úsela para creer.*

Eso es escoger la fe en lugar del miedo.

Hoy tenemos muchas oportunidades de preocuparnos y vivir con miedo. La gente está preocupada por la economía, por su salud, por sus hijos. Pero Dios le está diciendo: "No use su energía para preocuparse, úsela para creer".

Se necesita la misma cantidad de energía para creer que para preocuparse. Es igual de fácil decir: "Dios está supliendo todas mis necesidades" que: "Nunca saldré de esta".

No espere lo peor, eso es usar su fe al revés.

Mejor diga: "Dios, mi vida está en tus manos. Sé que me estás guiando y dirigiendo mis pasos, y no espero una derrota ni el fracaso. Espero tener un año bendecido, y estar por encima y no por debajo".

DÍA VEINTISIETE

....

YO DECLARO que estoy equipado
para toda buena obra que Dios tenga
planeada para mí. Estoy ungido y
capacitado por el Creador del universo.
Toda atadura, toda limitación, está
siendo echada fuera de mi vida.
Este es mi tiempo de brillar. Subiré
más alto, superaré cada obstáculo,
¡y experimentaré la victoria como
nunca antes! Esta es mi declaración.

....

Dios le ha dado poder y le ha equipado con todo lo que necesita. No tiene que batallar e intentar que las cosas sucedan, porque ya está en usted la fuerza, la creatividad, las ideas. Dios ya ha alineado a las personas correctas, y ya le ha dado los descansos que necesita ungiéndole con aceite, con sus bendiciones y con su gracia.

Cuando yo era pequeño, jugaba al fútbol americano en la playa con muchos de mis amigos. En aquel entonces me ponía aceite solar en todo el cuerpo para no quemarme, pero resultó una ayuda a la hora de jugar también. De por sí soy bastante rápido, pero con ese aceite nadie podía derribarme. Chicos fuertes y el doble de altos que yo, intentaban agarrarme, pero yo me escurría de entre sus manos porque tenía una ventaja: estaba lleno de aceite.

Es igual cuando usted anda estando ungido: cosas que deberían derribarle no lo hacen. A lo mejor fue despedido de su trabajo; debería sentirse desanimado, pero en vez de eso se mantiene en la fe y acaba encontrando un trabajo mejor.

A lo mejor su estado de desánimo fue causado por una relación que se terminó; debería sentirse resentido, pero en vez de eso se mantiene en la fe y Dios abre otra puerta a una relación mejor.

Cuando afronte tiempos difíciles, recuérdese a usted mismo: "Fui ungido para esto, y no seré negativo. No perderé mi gozo, y seguiré lleno de alabanzas. Sé que Dios está en control, y creo que Él puede tomar lo que era para mal y transformarlo y usarlo para ventaja mía".

> *Dios puede tomar lo que era para mal y transformarlo y usarlo para ventaja mía.*

Si hace eso, entonces un día mirará hacia atrás en su vida y se dará cuenta de que superó tiempos difíciles a través de la unción que Dios puso sobre usted. Él le dio fuerza cuando usted creía que no podía más; Él le dio gozo cuando debería haber estado desanimado. Él abrió una puerta cuando usted no veía una salida. Ahora puede mirar hacia atrás y decir conmigo: "¿Dónde estaría si no hubiera sido por la bondad de Dios en mi vida?".

DÍA VEINTIOCHO

....

YO DECLARO que le pediré a
Dios cosas grandes para mi vida.
Haré oraciones valerosas y esperaré
a lo grande y creeré a lo grande. Le
pediré a Dios que cumpla esos sueños
ocultos que están en lo profundo
de mi corazón. Si ciertas promesas
no parece que se vayan a cumplir,
no me intimidaré ni tiraré la toalla.
Oraré con valentía, creyendo que
Dios se mostrará fuerte, y sabiendo
que nada es demasiado difícil
para Él. Esta es mi declaración.

....

Muchas veces pensamos que no debemos pedir demasiado; después de todo, no queremos ser egoístas. No queremos ser egocéntricos. Hay gente que me dice: "Joel, si Dios quiere que yo sea bendecido, Él me va a bendecir, porque es Dios".

Pero no es así como funcionan las cosas. Dios espera que le pidamos. En Santiago 4:2 dice: "pero no tenéis lo que deseáis, porque no pedís". Si usted no está pidiendo a Dios su favor, sus bendiciones, su incremento, entonces no está desatando su fe.

Conozco personas que piden, pero pronuncian oraciones muy pequeñas: "Dios, si tan solo me dieras un ascenso de cincuenta centavos". Actúan como si le estuvieran complicando la vida a Dios.

Si aprende a hacer oraciones atrevidas...eso permite a Dios hacer cosas grandes en su vida.

"Dios, si tan solo me ayudaras a sobrevivir a este matrimonio", dicen.

No, atrévase a pedir a lo grande.

Jesús dijo que conforme a su fe, así le será hecho. Eso significa que si hace oraciones pequeñas, recibirá cosas pequeñas; pero si aprende a hacer oraciones atrevidas y grandes, y a esperar y creer a lo grande, eso permite a Dios hacer cosas grandes en su vida.

Puede que tenga un sueño en el fondo de su corazón, pero nunca le ha pedido a Dios acerca de ese sueño. No está mal pedir, no es egoísta. Dios espera que pidamos.

La Palabra dice en Salmos 2:8: "Pídeme, y te daré por herencia las naciones". Dios dice: "Pídeme cosas grandes, pídeme acerca de esos sueños ocultos que yo he puesto en tu corazón, y pídeme por esas promesas que en lo natural parecen imposibles de cumplir".

En su tiempo a solas con Él, cuando es solo entre usted y Dios, atrévase a pedirle acerca de sus esperanzas más profundas, sus sueños más profundos. Puede parecer imposible, pero simplemente sea honesto y diga: "Dios, no veo cómo esto podría suceder algún día, pero tengo el sueño de empezar mi propio negocio. Dios, te pido ayuda". O: "Dios, me encantaría volver a la universidad pero no tengo tiempo ni dinero. Dios, te pido que abras un camino".

Atrévase a pedirle a Dios acerca de sus sueños más grandes, sus anhelos más grandes.

DÍA VEINTINUEVE

· ·

YO DECLARO que Dios está alineando todas las cosas para mi bien. Él tiene un plan maestro para mi vida. Puede que haya cosas que yo no entienda ahora mismo, pero no estoy preocupado. Sé que todas las piezas no están ahí todavía, pero un día todo se juntará y tendrá sentido. Veré el plan maravilloso de Dios llevándome a sitios que nunca me imaginé. Esta es mi declaración.

· ·

Todos tratamos con el desánimo y con pruebas que no parecen tener sentido. Es fácil desanimarse y pensar: *¿Por qué esto me tuvo que pasar? ¿Por qué mi ser querido no sobrevivió? ¿Por qué esta persona me trató mal? ¿Por qué me despidieron?*

Quiero que entienda que aunque la vida no siempre es justa, Dios es justo, y Él promete en Romanos 8:28 que todas las cosas nos ayudan a bien.

Yo creo que la palabra clave es *todas*. No puede aislar una prueba en su vida y decir: "Toda mi vida está arruinada". Eso es solo una parte de su vida. Dios puede ver el cuadro completo.

Una decepción no significa que sea el fin, y su vida no acaba por culpa de un solo obstáculo. La prueba que está afrontando es simplemente una pieza de su rompecabezas. Viene otra pieza que lo conectará todo, y todo le ayudará a bien.

Algunas personas se amargan antes de que todas sus piezas se junten. Dios ha prometido un plan maravilloso para usted, y le ha predestinado a vivir en victoria. Cuando pasan cosas que usted no entiende, tiempos difíciles que no tienen sentido, no se permita quedarse atascado ahí. Dios tiene más piezas que saldrán a su camino.

Puede que sienta como que en su vida falta algo, ya sea en el área de sus finanzas, en su carrera o en su matrimonio. Pero todo lo que Dios tiene que hacer es añadir algunas piezas al rompecabezas, y su vida estará completa. Esas nuevas partes puede que sean las personas correctas, las oportunidades correctas, o el descanso justo en el momento necesario.

No sea impaciente. Nada se acaba hasta que Dios dice que se acaba. Si sigue adelante, un día mirará atrás y verá cómo todo encajó en un plan maestro que Dios había diseñado

> *No sea impaciente. Nada se acaba hasta que Dios dice que se acaba.*

para nuestras vidas. Tiene que tener una profunda confianza íntima, una esperanza en el fondo de su corazón que diga: "Sé que Dios tiene un plan maravilloso para mi vida, y sé que Él está dirigiendo mis pasos. Y aunque no entienda esto, sé que no es una sorpresa para Dios. De alguna forma, Él obrará para mi ventaja".

DÍA TREINTA

YO DECLARO que Dios va delante de mí allanando los caminos torcidos. Él ya ha alineado las personas adecuadas, las oportunidades adecuadas, y soluciones a problemas que todavía no he tenido. Ninguna persona, ninguna enfermedad, ninguna decepción, puede detener su plan. Lo que Él ha prometido, lo cumplirá. Esta es mi declaración.

Un amigo me dijo que estaba tratando de resolver un asunto legal hace un tiempo, pero se topó con un burócrata del gobierno que le dijo que su transacción tardaría dos años en procesarse. Mi amigo le preguntó muy amablemente: "¿Hay alguna forma de que pudiera suceder antes?".

El hombre, que era el oficial encargado de esa oficina, le dijo ásperamente: "Dije que serán dos años y me refiero a que serán dos años, porque el sistema está atrasado y tengo muchísimo que hacer antes de lo suyo. Pasará mucho tiempo hasta que llegue a sus papeles".

Mi amigo no se rindió.

"Bueno, está bien", dijo, "pero oraré y creeré que de alguna forma Dios hará que suceda antes".

Eso hizo que el burócrata se irritara aún más, y le dijo sarcásticamente: "Ore todo lo que quiera, pero yo estoy a cargo y le digo que tardará dos años".

Seis semanas más tarde, el mismo oficial llamó a mi amigo y le dijo: "Venga cuando pueda; sus papeles están listos".

Mi amigo pensó que era un error, y preguntó: "¿Está seguro de que son mis papeles?".

"Seguro", le dijo el burócrata.

Mi amigo fue tan pronto como pudo, y le dijo al oficial: "Muchas gracias, pero creí que había dicho que serían al menos dos años".

"Eso dije", respondió el burócrata, "pero desde que le conocí no puedo sacarle de mi cabeza. Me despierto en la mañana pensando en usted, como la comida pensando en usted, me acuesto pensando en usted, y estoy harto de pensar en usted; así que agarre sus papeles y váyase".

En el capítulo 9 de Deuteronomio dice que hoy usted está a punto de enfrentarse a personas más fuertes y más poderosas; pero después llega la promesa que dice que el Señor su Dios pasará por delante de usted como un fuego devorador para destruirles, y les reducirá para que usted pueda conquistarles.

Puede que se esté enfrentando a una situación que parece imposible, como el burócrata que frustró a mi amigo. Puede que no parezca que tenga una oportunidad, pero Dios se encargará de sus enemigos para que usted pueda conquistarles rápidamente.

No es por medio de nuestra fuerza o nuestro poder, es porque el Dios todopoderoso, el que tiene nuestro futuro en sus manos, va delante de nosotros, peleando nuestras batallas, allanando los caminos torcidos,

> *Dios todopoderoso va delante de nosotros, peleando nuestras batallas.*

y hasta haciendo que nuestros enemigos quieran ser buenos con nosotros.

DÍA TREINTA Y UNO

....

YO DECLARO que todo lo que no
se alinea con la visión de Dios para mi
vida está sujeto a cambios. Enfermedad,
problemas, carencia, mediocridad, no
son permanentes; son solo temporales.
No seré movido por lo que veo, sino
más bien por lo que sé. Soy un vencedor
y nunca una víctima. Me convertiré
en todo lo que Dios me ha creado
para ser. Esta es mi declaración.

....

En la Escritura, José tuvo un gran sueño en su corazón, y cuando era un hombre joven Dios le prometió que sería un gran líder e incluso ayudaría a reinar sobre una nación. Pero antes de que ese sueño se cumpliera José tuvo muchas adversidades.

Sus hermanos estaban celosos de él, y le tiraron a un pozo para que muriera. Pero José entendió lo que dice en 2 Corintios 4:18: "pues las cosas que se ven son temporales". Otra traducción dice que las cosas que se ven están sujetas a cambios, pero las que no se ven son eternas.

Las cosas que vemos con nuestros ojos físicos son solo temporales, pero las cosas que vemos a través de los ojos de nuestra fe son eternas. Aun así, frecuentemente permitimos que cosas temporales nos desanimen y hagan que nos olvidemos de nuestros sueños.

> *Todo lo que no se alinee con la visión que Dios puso en su corazón no debería considerarse como permanente, sino como sujeto a cambios.*

Todo lo que no se alinee con la visión que Dios puso en su corazón no debería considerarse como permanente, sino como sujeto a cambios. José entendió este principio. Cuando fue arrojado al pozo, él sabía que su suerte no estaba en línea con la visión que Dios había pintado en el lienzo de su corazón.

José se veía a sí mismo como un gran líder, así que no se desanimó. Él sabía en lo profundo de su corazón que el pozo era solo temporal, porque no se alineaba con lo que veía con sus ojos de la fe. Después de un rato, pasó una caravana y fue rescatado y llevado a Egipto.

José fue un esclavo por muchos años en Egipto, pero una vez más no se desanimó. Simplemente miraba el cuadro y decía: "No, este no soy yo. Ser un esclavo no se alinea con la promesa que Dios puso en mí. Esto también pasará".

Año tras año había desánimos, obstáculos, y situaciones injustas, pero él simplemente comprobaba el cuadro que Dios puso en su corazón, y un día las puertas adecuadas se abrieron. José fue puesto a cargo de todo Egipto. Por fin pudo decir: "Esto sí es permanente, es lo que he visto en mi imaginación todos estos años".

Todos nos enfrentamos a desánimos, obstáculos y situaciones injustas. Puede que a veces sienta como si le hubieran arrojado dentro de un pozo, pero en lugar de desanimarse y dejar que eso nuble su visión, mire dentro de usted. Verá que el pozo no concuerda con la visión que Dios puso en su corazón. Como

José, puede decir: "Esto no es permanente. ¡Es solo otra parada en el camino a mi destino divino!".

CONCLUSIÓN

Un último pensamiento que me gustaría dejar con usted es que si quiere vivir en victoria, necesita tener una fe que mueva montañas. Todos nos enfrentamos a montañas en nuestra vida. Puede ser una montaña en su matrimonio porque no ve cómo van a mantenerse juntos. Puede ser una montaña en sus finanzas, en su salud, o en sus sueños.

Muchas veces oramos por las montañas: *Dios, por favor ayúdame. Haz que mi hijo se enderece. Por favor, quítame este temor.* Y sí, es bueno orar, y es bueno pedirle a Dios que le ayude, pero cuando se enfrente a una montaña, solo orar no es suficiente. No es suficiente con creer. No es suficiente con solo pensar pensamientos buenos. Esta es la clave: tiene que *hablar* a sus montañas. Jesús dijo en Marcos 11:23: "Porque de cierto os digo que cualquiera que dijere a este monte: Quítate y échate en el mar, y no dudare en su corazón, sino creyere que será hecho lo que dice, lo que diga le será hecho".

Puede que esté orando por cosas a las que debería estar hablando. Ya no tiene que orar por ese temor, tiene que decir: "Temor, te ordeno que te vayas. No te permito que estés en mi vida". Si tiene problemas de salud, en vez de suplicarle a Dios que le sane, tiene que declarar a esa enfermedad: "Enfermedad, no tienes derecho a estar en mi cuerpo. Soy hijo del Dios altísimo, y aquí no eres bienvenida. No te estoy pidiendo que te vayas. No estoy pidiéndote un favor. No, te estoy ordenando que te vayas de mi cuerpo".

He aprendido que si no hablas a tus montañas, ellas te hablarán a ti. A lo largo de todo el día, esos pensamientos negativos llegarán, y son sus montañas que le hablan.

Puede sentarse y creerse esas mentiras, o puede levantarse y declarar: "Yo tengo el control. No permitiré que mis montañas me hablen. Montaña, te estoy diciendo: 'Fuera de aquí, no me derrotarás'".

No es casualidad que Dios escogiera una montaña para representar nuestros problemas, porque las montañas son grandes y parecen permanentes, como si fueran a estar ahí por siempre. Pero Dios dice que si usted habla a esas montañas, descubrirá que no son permanentes.

Si ha combatido con enfermedades largas, depresión o adicción, puede parecer que nunca va a cambiar nada, pero cuando declara palabras de fe, algo pasa en el ámbito invisible. Las montañas se vienen abajo, y las fuerzas de las tinieblas son derrotadas. El enemigo tiembla.

Cuando usted declara no con su autoridad sino con la autoridad de Hijo del Dios viviente, todas las fuerzas del cielo ponen atención. Los poderosos ejércitos del invisible Dios Altísimo estarán detrás de usted. Déjeme decirle que ningún poder puede permanecer ante Dios. Ninguna enfermedad, ninguna adicción, ningún temor, ningún problema legal. Cuando usted hable y no dude, la montaña se moverá.

Ahora bien, la montaña puede que no se mueva en un día. Puede que se vea igual mes tras mes. No se preocupe, porque en el ámbito invisible, cosas están cambiando a favor de usted. Cuando Jesús estaba caminando por un pueblo, vio una higuera y se acercó para comer algo, pero el árbol no tenía fruto. Miró al árbol y le dijo que ya no produciría fruto nunca más.

Notemos que Jesús le habló a un árbol. Las personas de fe les hablan a sus obstáculos. Jesús se alejó del árbol, y no parecía que hubiera pasado nada. El árbol estaba igual de verde y sano que antes, y estoy seguro de que algunos de sus discípulos comentaron: "No ha funcionado, Jesús debe de haber perdido su tacto porque le ha dicho al árbol que se muera y no ha funcionado". De lo que no se dieron cuenta es que debajo de la tierra, en las raíces, en el momento en que Jesús habló toda vida fue cortada del árbol.

Cuando volvieron a ese pueblo un tiempo después, los discípulos se quedaron asombrados porque vieron ese árbol seco, totalmente muerto. Del mismo modo, en el momento en que usted habla a sus montañas, algo pasa. En el ámbito invisible, las fuerzas del cielo empiezan a trabajar. Dios manda ángeles, pelea sus batallas, y desata favor. Mueve a las personas equivocada fuera del camino, enviando sanidad, victoria, y cosas positivas.

Puede que no vea lo que Dios ha hecho por algún tiempo. Esa montaña puede verse igual de grande, permanente y fuerte que antes. Pero si usted se mantiene en la fe y sigue hablando a la montaña, declarando que se irá, declarándose sano, bendecido, y victorioso, un día, de repente, verá que esa montaña ha sido movida.

Dios sobrenaturalmente hará lo que usted no pudo hacer. Eso es lo que le pasó a mi madre. Le diagnosticaron cáncer terminal en 1981. Pasó veintiún días en el hospital, y cuando llegó a casa, ella y mi padre se fueron a su dormitorio y se pusieron de rodillas. No solo oraron y pidieron a Dios que la sanara, sino que también hablaron al cáncer y le ordenaron que se fuera.

Hay tiempo para orar, pero también hay tiempo para declarar. No debe orar acerca de sus montañas, debe hablarles a esas montañas y declarar que se irán. Jesús no oró por la higuera. No dijo: "Yo creo que no producirá más fruto". Él ordenó que no produjera más fruto.

Usted debería declarar que sus montañas se moverán, ya sean enfermedad, depresión, conflictos, o división en su familia. Declare a cada montaña: "Sé movida", y tendrá lo que pidió.

Esta es la clave: sus montañas responden a su voz. Yo podría hablar fe a su vida durante todo el día. Sus amigos podrían animarle con escrituras, o podría usted escuchar buena música que le animara o inspirara; y todo eso es importante y está bien.

Pero su montaña responderá solamente a su voz. Cuando se levante en fe y declare: "Enfermedad, adicción, depresión, vete de mi vida; en el nombre de Jesús debes irte", las fuerzas del cielo ponen atención.

David habló a su montaña de enemigo. Miró a Goliat a los ojos y declaró: "Vienes contra mí con una espada y un escudo, pero yo vengo a ti en el nombre del Señor Dios de Israel".

Él declaró a su montaña: "Goliat, en este mismo día el Señor te entregará en mis manos. Te derrotaré y daré tu cabeza como comida a las aves del cielo". David estaba diciendo: "Puede que seas grande, pero yo sé que mi Dios es más grande; y cuando yo hable a la montaña, Dios me ha prometido que será movida".

Puede que sienta que hay demasiados obstáculos entre usted y sus sueños dados por Dios. Se está sintiendo exactamente como se sintió David, y no es suficiente con solo orar por ello. No es suficiente con creer que va a estar mejor. Ahora más que nunca, debe declarar: "Montaña de deuda, montaña de adicción, montaña de depresión, puede que parezca que esto ha terminado, pero atención, esto no ha terminado. No me derrotarás, porque vienes a mí con armas naturales pero yo vengo a ti en el nombre del Señor Dios de Israel. Sé que cuando hablo en el nombre de Jesús, todas las fuerzas del cielo ponen atención. Por tanto, declaro que serás movida. Viviré y no moriré; soy bendecido y no puedo ser maldecido. Soy vencedor y no víctima".

Un poder increíble es desatado cuando hablamos a nuestras montañas; pero muchas veces hablamos con Dios y le contamos lo grandes que son nuestras montañas cuando deberíamos estar diciéndoles a nuestras montañas lo grande que es nuestro Dios.

Cuanto más hable acerca de la montaña, más débil le hará. "Pero, Joel", podría decir, "esta enfermedad, o estos problemas legales, o estos problemas matrimoniales no están mejorando". Cuando habla así, lo único que está haciendo es hacerse más débil en fe y en energía. Deje de hablar *acerca de* la montaña, y hable *a* la montaña.

Declare a ese cáncer, o adicción, o prueba financiera, igual que David declaró a Goliat: "Te derrotaré".

Vemos este principio desde el comienzo mismo de la Palabra. En el libro de Génesis dice que la tierra estaba sin forma y vacía, y había oscuridad por todos lados. ¿No es interesante que las cosa no cambiaron solo porque la presencia de Dios estaba ahí? El mundo no mejoró simplemente porque Dios pensó: *Me gustaría tener un mundo. Me gustaría que todo estuviera en orden.*

No ocurrió nada hasta que Dios habló. Él declaró a la oscuridad: "Sea la luz". Pensemos en la palabra *sea*. Indica un imperativo, cierta oposición. Dios declaró en medio de la oscuridad, en medio de la oposición: *sea la luz*.

En sus momentos de dificultad, cuando todo está oscuro y gris, debería hablar luz a la situación. Después de una reunión en la iglesia un día, un hombre me dijo que su compañía de diseño gráfico se estaba desmoronando. Había perdido a sus mejores clientes, y la bancarrota se veía inevitable. Me explicó con gran detalle todos los obstáculos que había sufrido, lo mal que estaba todo y lo imposible que parecía todo. Era muy bueno hablando sobre el problema.

Le dije lo que le estoy diciendo a usted. Le dije que debía hablarle *al* problema. Que debía declarar luz en medio de la oscuridad. Le animé durante todo el día a que declarara: "Soy bendecido, y el favor de Dios está dándole la vuelta a esta situación. El favor de Dios traerá nuevos clientes. La deuda y la carencia no pueden quedarse en mi vida. Ordeno a esas montañas que se muevan".

Le vi seis meses después, y estaba radiante de gozo. Me dijo: "Joel, hice lo que me sugeriste. Empecé a declarar favor hablándoles a mis montañas y declarando luz en medio de la oscuridad".

En su momento más bajo, cuando parecía seguro que su negocio iba a quebrar, recibió una llamada repentina de una empresa con la que nunca antes había trabajado. Le pidieron que hiciera una presentación, la hizo, y le contrataron para que diseñara sus gráficos. Ahora, ese cliente nuevo le da más trabajo que todos sus clientes anteriores combinados. Está camino de tener su mejor año de trabajo.

Esto es lo que estoy intentando decir: yo creo que él todavía estaría luchando, incluso podría hasta haber perdido su empresa, si no hubiera puesto en marcha su fe y hubiera empezado a hablarles a sus montañas.

Permítame preguntarle: ¿Hay montañas que le impiden que avance? ¿Hay algo que le está deteniendo de alcanzar lo mejor de Dios en su carrera, en sus relaciones o en su salud? Su mente puede decirle que la montaña es permanente y nunca cambiará. Mi reto para usted es que hable a sus montañas. Ha orado acerca de ello suficiente tiempo. Ahora es momento de declarar: "Montaña, eres movida, y no me derrotarás. Declaro favor en medio de esta situación".

Recuerde: la montaña responderá a su voz. No hay nada más poderoso que su declaración de victoria sobre su vida. Probablemente haya hablado suficiente acerca de la montaña, así que ahora levántese y declare a la enfermedad, o el conflicto, o la depresión: "Muévete, vete de aquí".

Cuando haga eso, triunfará sobre obstáculos. Triunfará sobre obstáculos que parecían permanentes. Cumplirá sueños que creía imposibles de realizar.

Haga esta declaración final conmigo:

"Yo declaro que camino en la bendición del

Dios todopoderoso. Estoy lleno de sabiduría. Tomaré buenas decisiones y tendré dirección clara".

"Yo declaro que soy bendecido con creatividad, buenas ideas, coraje, fuerza, y habilidad".

"Yo declaro que soy bendecido con buena salud, una buena familia y buenos amigos".

"Yo declaro que soy bendecido con ascensos, con éxito, con un corazón obediente y con una visión positiva".

"Yo declaro que todo lo que ponga en mis manos prosperará y tendrá éxito. Seré bendecido en la ciudad, y bendecido en el campo. Seré bendecido cuando entre y cuando salga".

"Yo declaro que prestaré y no pediré prestado, y que estaré por encima y no por debajo".

"Yo declaro que ahora mismo cualquier palabra negativa, toda maldición que haya sido pronunciada en mi contra, es rota en el nombre de Jesús".

"Yo declaro que las cosas negativa que han estado presentes en mi familia aún durante generaciones no tendrán ya ningún efecto sobre mí".

"Yo declaro que desde este día en adelante, experimentaré una nueva sensación de libertad, una nueva alegría y una nueva satisfacción".

"¡Declaro que soy bendecido!".

Yo creo que en el ámbito espiritual, cosas han sido puestas en marcha. Maldiciones han sido rotas y bendiciones están de camino; por tanto, empiece a esperar cosas buenas. Aprenda a pronunciar estas palabras de bendición sobre usted mismo, sobre sus hijos, sobre sus finanzas, sobre su salud y sobre su futuro regularmente.

Si usa sus palabras para declarar victoria y no derrota, verá a Dios hacer cosas maravillosas, y yo creo que vivirá la vida abundante, victoriosa y llena de fe que Él tiene preparada.